CW01432705

La visita del

Aula de Literatura

DIRECTOR

Francisco Antón

ASESORES

Manuel Otero

Agustín S. Aguilar

Rebeca Martín

La visita del inspector

J. B. Priestley

Introducción
John Atkins

Notas y actividades
Gabriel Casas

Traducción
José Luis López Muñoz

Ilustración
Svetlin

Aula de Literatura **V** Vicens Vives

Primera edición, 1996
Reimpresiones, 2000, 2003, 2005
2007, 2008, 2010, 2011
Segunda edición, 2012
Reimpresiones, 2013, 2015, 2017, 2018, 2019
Sexta reimpresión, 2020

Depósito Legal: B. 28.821-2012
ISBN: 978-84-682-1273-9
Nº de Orden V.V.: PD82

© THE ESTATE OF J. B. PRIESTLEY
Sobre el texto literario.

© JOHN ATKINS
Sobre la introducción.

© GABRIEL CASAS
Sobre las notas y las actividades.

© JOSÉ LUIS LÓPEZ MUÑOZ
Sobre la traducción.

© SVETLIN
Sobre las ilustraciones. Ilustración de cubierta.

© EDITORIAL VICENS VIVES, S.A.
Sobre la presente edición según el art. 8 del Real Decreto Legislativo 1/1996.
Derechos exclusivos en lengua castellana.

Obra protegida por el RDL 1/1996, de 12 de abril, por el que se aprueba el Texto Refundido de la
Ley de Propiedad Intelectual y por la normativa vigente que lo modifica. Prohibida la reproducción
total o parcial por cualquier medio,incluidos los sistemas electrónicos de almacenaje, de
reproducción, así como el tratamiento informático. Reservado a favor del Editor el derecho de
préstamo público, alquiler o cualquier otra forma de cesión de uso de este ejemplar.

IMPRESO EN ESPAÑA. PRINTED IN SPAIN.

ÍNDICE

Introducción

La visita del inspector

Actividades

JOHN B. PRIESTLEY (1894-1984)

INTRODUCCIÓN

Un escritor controvertido

Priestley es un escritor difícil de catalogar en la literatura inglesa del siglo xx. A pesar de su evidente talento literario y de la admiración que concitaba entre el público lector, no consiguió despertar el interés de los intelectuales de su época. La razón de esta peculiar situación fue, probablemente, que se dio a conocer con un éxito de ventas, la novela *Buenos camaradas*, y luego pasó a escribir novelas y relatos que iban obviamente dirigidos a un público más refinado, así como piezas dramáticas experimentales en una época de decadencia del teatro británico. Los intelectuales y profesores suelen desconfiar de esta promiscuidad. Piensan que un escritor debe entretener a un público amplio o bien dirigirse a los hombres de letras, pero no ambas cosas. Priestley, sin embargo, lo hizo, disfrutó con ello y exasperó a sus oponentes. Y esta es una cuestión esencial para entender al hombre y a su obra.

Vocación literaria

John Boynton Priestley, hijo de un maestro, nació en 1894 en la ciudad de Bradford, al norte de Inglaterra. En aquella época, las ciudades industriales de Yorkshire, aunque enriquecidas con el comercio de la lana, habían llegado a ser sinónimo de miseria. Bradford, sin embargo, tenía una activa vida cultural, particularmente en el terreno musical, y el joven Priestley participó en ella con el mayor entusiasmo. El padre deseaba que John consiguiera un empleo estable, de manera que, al terminar sus estudios, el muchacho empezó a trabajar en el escalón más bajo del comercio de la lana. Pero sus ambiciones se orientaban en otra dirección, pues con tan solo dieciséis años escribía ya con bastante regularidad para la prensa local. El estallido de la guerra en 1914 fue, en cierto modo, su salvación, ya que Priestley hubo de abandonar su empleo para alistarse en el ejército. Combatió durante todo el conflicto y lo hirieron en dos ocasiones —una muy gravemente—, aunque se recuperó sin secuelas. En su carrera literaria evitó las referencias a sus experiencias en la guerra, una actitud muy poco frecuente entre ex-combatientes.

Dedicación periodística

En 1919 comenzó sus estudios en la universidad de Cambridge con una beca del Gobierno, redondeando sus ingresos con el periodismo. El decenio de 1920 fue, en algunos aspectos, una época maravillosa para los escritores jóvenes porque había muchísimas revistas y semanarios que publicaban ensayos breves y reseñas de libros; muchas más, de hecho, que en la actualidad. Las primeras experiencias de Priestley en la escena literaria fueron, pues, en calidad de ensayista. Durante ese periodo publicó cinco volúmenes de ensayos y artículos, además de dos novelas sin especial relieve y una colaboración con Hugh Walpole, novelista ya consagrado. Pero en 1929 dio a la imprenta la novela *Buenos camaradas*.

El éxito literario. Un escritor prolífico

Buenos camaradas es uno de los libros más populares del siglo xx en Inglaterra. Se trata de una novela muy larga, en clave picaresca, de tono amable y optimista, y siempre entretenida; en ella se narran las aventuras de una compañía

A la izquierda, el padre del autor, Jonathan Priestley. A la derecha, el escritor durante la Primera Guerra Mundial, antes de caer herido a causa de una ráfaga de mortero.

itinerante de cómicos de segunda categoría que viaja por Inglaterra junto con su acompañante y valedor, un anciano de Yorkshire con una imperturbable actitud ante la vida. Los editores de Priestley se resistieron en un primer momento a publicar el libro: era demasiado largo, el tema parecía pasado de moda y el título —que el autor se negó obstinadamente a cambiar— provocaría el rechazo de los lectores más exigentes. Una vez publicada la novela, los críticos la desdeñaron por considerarla una obra «para lectores sin cultura», pero vendió una increíble cantidad de ejemplares, se tradujo a más de cuarenta idiomas y enriqueció a Priestley, probablemente el escritor más acaudalado de su generación.

Este éxito editorial fue seguido de un asombroso número de obras de los géneros más dispares. De Priestley se dijo con frecuencia que escribía demasiado, una opinión con la que el mismo interesado tendía a estar de acuerdo. Pero su inquieta mente era incapaz de reposo. Entre esa plétora de libros sobresalen algunos títulos de interés: novelas como *El callejón del ángel* (1930), *Día luminoso* (1946) e *Imperios perdidos* (1965); obras de teatro experimentales, en las que se plantea el misterio del Tiempo; dos piezas teatrales que sin duda conservan plena vigencia, *Cuando estamos casados* (1938) y *La visita del inspector* (1947); obras semiautobiográficas como *Medianoche en el desierto* (1937), que también es un retrato de la sociedad occidental contemporánea, *Llueve en Godshill* (1939), y *Margen liberado* (1962); y la notable *La literatura y el hombre occidental* (1960), que relaciona la escritura de creación con el inconsciente; también cabe mencionar *Viaje por Inglaterra* (1934), libro en que recoge sus experiencias de dicho viaje y que agudizó la conciencia social del escritor. En una sucinta bibliografía de su obra, que comprende ciento dieciocho títulos, esos son los más destacados. Pero muchos otros siguen siendo dignos de atención.

El intrincado problema del Tiempo

Tres de sus dramas experimentales están relacionados con el problema del Tiempo: *La herida del Tiempo* (1937), *Estuve aquí una vez* (1937), y *Allende el Jordán* (1939). No es este el lugar adecuado para detenerse en las ideas peculiares de Priestley sobre el Tiempo (tema al que dedicó un libro extraordinariamente erudito, *El hombre y el Tiempo*), excepto para decir que intentó la difícil tarea de expresar en términos teatrales los conceptos filosóficos de dos pensadores, P. D. Ouspensky y J. W. Dunne, hoy en día un tanto desacreditados. Priestley tomó de Dunne la idea de que hay ciertos sucesos del futuro de los que podemos tener una vislumbre en sueños o en estado de vigilia; y de Ouspensky incorporó la noción de que los sucesos tienden a reproducirse a lo largo del tiempo de una

A la izquierda, el escritor esotérico ruso Peter Ouspensky (1878-1947), cuya idea del Tiempo como una «cuarta dimensión» ejerció una notable influencia en Priestley. A la derecha, el filósofo y novelista británico Herbert G. Wells (1866-1946), cuyo pensamiento socialista moderado dejaría una profunda huella en nuestro escritor.

forma cíclica, y solo a algunas personas con dotes especiales les es dado cambiar el curso de los acontecimientos. Su teoría parte del principio de que, de la misma forma que el espacio tiene tres dimensiones, también existen dimensiones adicionales en el Tiempo.

La herida del Tiempo es un buen ejemplo de cómo Priestley consiguió dar forma teatral a esas ideas. En el primer acto los Conway aparecen como una familia unida y feliz. El único momento triste se produce cuando aluden al padre, que ha muerto ahogado. Una de las chicas sugiere que habría sido posible predecir su destino. ¿Pudo el padre prever vagamente lo que el futuro le deparaba?

El segundo acto transcurre dieciocho años después. Se hace evidente el deterioro psicológico de todos los personajes, con excepción de Alan, considerado de ordinario gris y desprovisto de ambición. Los demás personajes se han endurecido o se han vuelto gruñones, desilusionados o frustrados, sin ánimos y sin esperanza. Hazel, la más bonita de las hermanas, se ha casado con el muchacho torpe y poco agraciado a quien despreciaba —convertido ahora en un hombre rico y vengativo—, mientras que Carol, la más bondadosa de todas, ha muerto. Kay lanza el dedo acusador contra los efectos devastadores del Tiempo: «Hay un poderoso diablo en el universo al que damos el nombre de Tiempo», a lo que Alan replica que el Tiempo es como un sueño y «no destruye nada. Sencillamente nos conduce, en esta vida, desde un punto de vista a otro».

El tercer acto regresa a la época del primero y es prácticamente su continuación, sin corte alguno. Pero esa vuelta atrás nos hace contemplar a los Conway desde la perspectiva del futuro, que ya conocemos, de tal manera que las aspiraciones o potencialidades de los personajes resultan un tanto patéticas. Las vagas premoniciones que asoman en sus diálogos adquieren ahora un significado extraordinario.

No todos los experimentos de Priestley estuvieron relacionados con la teoría del Tiempo. Algunos fueron de carácter técnico y en ciertos casos han sido utilizados por autores teatrales más recientes. *Desde los tiempos del Paraíso* (1950) está escrita en estilo de cabaret. *El sueño de un día de verano* (1950) nos hace vislumbrar un futuro imaginado. Pero el experimento más radical fue *La boca del dragón* (1952), obra escrita en colaboración con Jacquetta Hawkes y en la que los cuatro intérpretes, que permanecen inmóviles durante la representación, simbolizan sendas actitudes psicológicas: pensamiento, sentimiento, sensación e intuición. El propósito de Priestley era propugnar el uso de un lenguaje más retórico o elaborado en el teatro para reemplazar el habla moderna realista, cuestión sobre la que reflexionó largamente.

Pintura al óleo de John B. Priestley, obra del pintor británico James P. Barraclough.

La ideología del escritor

El reformista social

A medida que se sucedían los libros y las obras teatrales, Priestley se fue convirtiendo en un personaje público que complacía a unos y encolerizaba a otros. Sus ideas socialistas no se diluyeron lo más mínimo, pero el suyo era un socialismo moderado, no marxista, que se oponía a la revolución. Priestley se mostró partidario de declarar la guerra a la Alemania de Hitler, pero insistió en que la victoria sería inútil si no iba seguida de reformas sociales radicales. Influido por el escritor H. G. Wells, Priestley se declaró contrario al sistema vigente por considerarlo injusto y, sobre todo, contradictorio. Opinaba que los patronos, que estaban teóricamente a favor del individualismo y en contra de soluciones de carácter comunitario, arracimaban en cambio a los trabajadores en fábricas al servicio de las masas. Con todo, el escritor nunca dio la impresión de creer en la idea de un mundo gobernado por el mal. Opinaba que el hombre es responsable de sus propias locuras, que son resultado de su falta de inteligencia para evitarlas o —cuando no carece de la inteligencia necesaria—, de su pereza para emplearla.

Durante la guerra, especialmente en la época de los bombardeos alemanes, tres programas de radio contribuyeron a mantener la moral de la población británica. En primer lugar, los discursos que Winston Churchill pronunciaba de vez en cuando, y en los que ponía de relieve el sombrío reconocimiento de la tarea que el país tenía por delante («sangre, sudor y lágrimas») y la decisión de cumplirla, mezclado, a veces, con burlas contra el enemigo. En segundo lugar, un espacio semanal cómico, mezcla disparatada de bromas, absurdos y burlas descarnadas contra el enemigo. Por último, la «postdata» del domingo por la noche, que se emitía al término de las

John B. Priestley en una de sus breves pero popularísimas charlas radiofónicas («posdatas») emitidas por la BBC durante la Segunda Guerra Mundial.

noticias de las nueve, y cuyo autor era J. B. Priestley. Conocidas en la profesión como «microcharlas», pues duraban unos siete minutos, las «postdatas» se centraban en aspectos menores pero extraordinariamente importantes de la supervivencia durante los bombardeos, la vida en familia, y la generosidad y la valentía de la gente corriente. Estas charlas convirtieron a Priestley en una figura nacional.

En esas charlas, no obstante, Priestley no dejó de insistir en la necesidad de una drástica reforma social que acabara con una situación en la que amplios sectores de la población estaban condenados a un grado inaceptable de pobreza mientras una exigua minoría disfrutaba de grandes privilegios. Esa denuncia social no agradó a algunas personas instaladas en el poder, que clausuraron súbitamente el popular espacio radiofónico.

Contra la propaganda y la masificación

El descontento de Priestley con la sociedad siguió expresándose prácticamente en todos los libros y obras teatrales que siguieron. El ejemplo más notable se encuentra en *Descenso por el arco iris* (1955), que Priestley escribió en colaboración con su tercera esposa, la arqueóloga Jacquetta Hawkes. El matrimonio decidió visitar América del Norte, donde después se separarían, el dramaturgo para estudiar uno de los asentamientos humanos más recientes, Texas, mientras que su esposa consagraba su atención a uno de los más antiguos, los indios «pueblo» de Arizona. El resultado fue fascinante. Texas, al parecer, concentraba hasta tal punto las razones del desagrado de Priestley con la sociedad contemporánea que el escritor inventó una nueva palabra para describir la avaricia comercial: *admass*.

> Así denomino el sistema basado en la productividad desenfrenada, acompañada de inflación, de un nivel de vida material en alza, de un aumento desaforado de la publicidad y de las ventas, de la comunicación de masas [...] y de la creación de la mente masificada, del hombre masificado. [...] Los hombres y las mujeres integrados en *admass* no hacen más que correr [...] aconsejándose unos a otros el descanso y el disfrute de la vida, pero bloqueando las salidas que llevan al descanso y al disfrute de la vida. Incluso lo que en otros tiempos era simple juego tiene también una sobrecarga de ansiedad y de responsabilidad.

Admass estaba conquistando el mundo. Y Priestley lo consideraba una amenaza a «lo que todavía perdura de la actitud comunitaria típicamente inglesa, de sentimiento de compañerismo y de equidad». Este cambio, según el escritor, se había comenzado a producir a partir de la Primera Guerra Mundial, que marcó la línea divisoria entre la civilización y la nueva barbarie, tal y como se da a entender en *La visita del*

Priestley llegó a ganar una verdadera fortuna gracias a su obra literaria. En la fotografía aparece la última mansión del escritor, «Kissing Tree House».

inspector. Pero la idea se enuncia y analiza en otros libros y obras teatrales: *Edén término* (1934), una de sus mejores piezas y con un título muy revelador, se sitúa, como *La visita del inspector*, en 1912; en otra obra dramática, *Música en la noche* (1938), un ministro dice que la época del sentido común concluyó en julio de 1914. En 1970 todavía consideraba Priestley que el decenio anterior a la guerra había sido el «más creativo». Y en 1977 llegó a afirmar que «en general, ¿era mejor la gente, digamos, de 1912, que la de hoy en día? Yo afirmo que sí. [En la historia] se producen retrocesos al igual que progresos, y negarlo no es más que un modo de sentimentalismo». Sin embargo, quizá resulte extraño que un socialista elogie una época sin seguridad social, sin seguro de desempleo, sin el derecho al voto de las mujeres, sin acceso generalizado a un gran número de universidades y sin sindicatos poderosos.

El intelectual

Aunque muchas personas, en especial las mujeres, considenraban encantador a Priestley, el escritor no era un hombre de trato fácil. No aceptaba las críticas y con frecuencia su reacción era violenta y brutal. Sus admiradores lo calificanban de *sabio*, pero con ello querían decir que siempre tenía respuestas para todo. Si había una cuestión pública que denbatir, era imprescindible recurrir a Priestley (como, en épocas anteriores, se había recurrido a Shaw o a Wells). Aquellos a quienes no les gustaba nuestro autor, hacían caso omiso de él, cosa que le enfurecía hasta el punto de hacerle lanzar más de un ataque furibundo contra prestigiosos intelectuales de la época… que en alguna ocasión no se dignaron contestar.

El papel de Priestley en la escena literaria inglesa sigue siendo una cuestión debatida debido a esa doble condición de escritor popular y experimental a la que aludíamos al prinncipio. A muchos les desconcertó por su imagen de anciano malhumorado que, paradójicamente, poseía un extraordinnario sentido del humor. En su poderosa personalidad prendominaban las facetas de moralista, de escritor entretenido y espléndido comunicador. Priestley murió en 1984 en Stratnford-on-Avon, la ciudad natal de Shakespeare. ¿Cabe imangginar un lugar más apropiado para un dramaturgo?

Priestley y el teatro de su época

De ordinario se ha considerado a Priestley mejor autor teantral que novelista, opinión que resulta fácil compartir. Algo que debería contar en su favor es que fue el único dramatungo del periodo que llevó a cabo experimentos teatrales. De vez en cuando algún intelectual rompía una lanza en favor de Priestley. El prestigioso poeta y ensayista T. S. Eliot le dijo, por ejemplo, que era uno de los escasos dramaturgos contemporáneos cuyas obras respetaba.

El aprecio de Priestley por los críticos era nulo, ya que, según él, daban con frecuencia la impresión de aborrecer el arte dramático y de ser unos ignorantes. Le desagradaba el tipo de público elegante que frecuentaba los teatros. Por otro lado, un Gobierno hipócrita gravaba las representaciones con impuestos excesivos mucho antes de que autor y empresario hubieran cubierto gastos. Por si fuera poco, unos y otros mantenían ideas convencionales sobre el teatro, lo que no favorecía la recepción de sus obras innovadoras. Y luego estaba la cuestión social, que no siempre parecía tener el beneplácito del público burgués.

Hemos señalado ya que algunos críticos han destacado la habilidad de Priestley como dramaturgo. Y, ciertamente, tenía una gran destreza para la arquitectura teatral (él mismo llegó a calificar su obra *Esquina peligrosa* de «cajón de trucos»); pero lo mejor de su obra combina los «trucos» teatrales con un contenido profundo o de denuncia social, y el ejemplo paradigmático es, sin duda, *La visita del inspector*.

La visita del inspector

La acción se sitúa en 1912, un periodo de la historia importante para Priestley porque, como hemos visto ya, el autor insiste en que la Primera Guerra Mundial, que estalló dos años después, marcó el comienzo de la decadencia de la civilización europea. El momento resulta, por tanto, muy adecuado para enmarcar el conflicto de una obra en la que se plantea la responsabilidad del hombre en la sociedad.

Técnicamente es difícil encontrar defectos a esta pieza. Se trata de una obra en que se van produciendo revelaciones sucesivas; la verdad va surgiendo con lentitud, pero sin con-

Fotografía del estreno en Londres (1946) de «La visita del inspector». Ralph Richardson interpretaba al inspector Goole y Alec Guinness a Eric Birling.

cesiones, a medida que van cayendo, uno tras otro, los velos que la ocultan. A las continuas acusaciones siguen las correspondientes confesiones. El resultado es un suspense constantemente renovado y un excelente ejemplo de la denominada «obra bien hecha», que atrajo a tantos dramaturgos del siglo XIX, sobre todo en Francia. Los autores teatrales del siglo XX, especialmente en la segunda mitad, se rebelaron contra esa convención. Autores como John Osborne o Arnold Wesker se interesaron menos por la técnica que por el contenido, y en ocasiones no respetaron deliberadamente convenciones teatrales que anteriormente se aceptaban sin discusión. Lo más impresionante acerca de *La visita del inspector* es que —además de tratarse de una excelente muestra de «obra bien hecha»— encarna un mensaje de absoluta vigencia: todos formamos parte del mismo tejido social y hemos de aceptar la res-

«La visita del inspector» es una de las obras más representadas en todo el mundo. En esta fotografía, se muestra una escena del montaje dirigido en 2009 por Román Calleja.

ponsabilidad de nuestras acciones. Y eso no es precisamente una cuestión técnica. El mensaje es casi un grito desesperado —tres de los cinco personajes implicados rechazan esa responsabilidad— y está cargado de indignación social. El inspector es implacable: no acepta excusas. Priestley ha contado que escribió la obra en una semana, y no es de extrañar, pues presenta signos inequívocos de algo intensamente sentido.

El comportamiento privado, pues, acarrea consecuencias públicas. Ibsen había denunciado que muchos valores de la clase burguesa eran falsos, y Priestley hace lo mismo gracias a los Birling. Para el señor Birling su vida privada no le incumbe a nadie. Quienes disienten son «chiflados» que se interesan por «la comunidad y todas esas tonterías». El inspector expone con elocuencia el punto de vista contrario:

Recuerden esto. Ha desaparecido una Eva Smith, pero aún quedan millones y millones de Evas Smith y de Johns Smith entre nosotros, con sus vidas, sus esperanzas y sus temores, sus sufrimientos y sus posibilidades de felicidad, todo entrelazado con nuestras vidas, con lo que pensamos, decimos y hacemos. No vivimos solos. Somos miembros de un cuerpo. Somos responsables los unos de los otros. Y les digo que pronto llegará el tiempo en el que, si los hombres no aprenden esta lección, se les enseñará con el fuego, la sangre y el sufrimiento. Buenas noches.

Esas son sus agoreras palabras finales. Se trata de un mensaje que interesaba hondamente a Priestley en aquella época. Un personaje de otra pieza, *Música en la noche*, representada ese mismo año, dice: «No puede haber tú y yo, ni identidad alguna separada, ni tampoco estamos encerrados, sino que somos libres». Y en otro momento de la obra sentencia: «La culpa de uno es la culpa de todos, y uno no puede sufrir sin que sufran todos».

Poco antes de las palabras citadas más arriba, el inspector había insistido ya en la importancia de la cadena de acontecimientos: «Lo que le sucedió entonces [a Eva Smith] puede haber decidido lo que le sucedió después», le dice a Birling, «y lo que le sucedió después puede haberla empujado al suicidio». Priestley ya había hecho de la interrelación entre las personas el tema central de una pieza anterior, *Estuve aquí una vez*.

Pero el señor Birling es un hombre demasiado pagado de sí mismo como para que nada le afecte. En lugar de admitir la verdad de los hechos que el inspector Goole le presenta, busca ansiosamente cualquier excusa para justificarse: «Alguien preparó a ese individuo para que viniera aquí y nos tomara el pelo. En esta ciudad hay gente que me aborrece lo suficiente como para hacerlo».

Escena del acto primero de «La visita del inspector». Montaje de Manuel Ángel Egea (1995) en el que Fernando Guillén interpretaba al inspector Goole.

Lo importante, lo único que de verdad cuenta para el señor Birling, es que el matrimonio (que podríamos llamar "dinástico") consolide la unión de la empresa de su futuro yerno, Crofts Limitada, con su rival de menor importancia Birling y Compañía, creando así un poderoso conglomerado industrial «para conseguir menores costos y precios más altos». Todo parece apuntar, según el ambicioso empresario, hacia un brillante futuro:

Os hablo como un hombre de negocios realista, con sentido práctico. Y os digo que no existe la menor posibilidad de que estalle una guerra. El mundo se desarrolla tan deprisa que la guerra resulta imposible. Fijaos en los progresos que hacemos. Dentro de uno o dos años tendremos aeroplanos capaces de ir a cualquier sitio. Y daos cuenta de cómo se abren camino los automóviles…, cada vez son más amplios y más rápidos. Y luego la navegación. Sin ir más lejos, un amigo mío fue a ver ese trasatlántico nuevo la semana pasada, el «Titanic»…, zarpa la semana que viene…, cuarenta y seis mil ochocientas toneladas…, se dice pronto… Nueva York en cinco días…, con todas las comodidades; y no puede hundirse, es absolutamente imposible que se hunda. Son esas las cosas en que tenéis que fijaros.

Para el señor Birling, hablar de guerra es «calentarle a la gente la cabeza sin motivo». Pero el público que presencia la obra sabe que el más espantoso conflicto bélico que habían vivido los hombres hasta entonces se desencadenaría dos años después y que todavía había de llegar otra gran guerra de peores consecuencias. También sabía —como descubriría el propio Birling al poco tiempo de pronunciar sus palabras— que el «Titanic» se hundió en su viaje inaugural.

Pero, ¿qué piensan los demás? Sheila y Eric, sobre todo, empiezan a percatarse de que hay algo extraño, algo de orden espiritual, en todo lo relacionado con el inspector. Gradualmente se va imponiendo la idea de que sus palabras expresan

En el año 2011, el actor Josep Maria Pou dirigió «La visita del inspector» e interpretó magistralmente al personaje protagonista en el Teatro La Latina de Madrid.

la voz de la conciencia. El dramaturgo apunta a esta cualidad en una de las primeras acotaciones escénicas. La iluminación, escribe, «debe ser íntima y de color rosado hasta la llegada del inspector, momento en el que ha de hacerse más brillante y dura». Sheila es la primera en percibir que hay algo fuera de lo corriente en el inspector Goole cuando señala: «No acabo de entenderle», y él replica: «No tiene nada de extraño». Una vez que el inspector se ha marchado, Sheila reconoce que «había algo curioso en él. No me ha parecido en ningún momento un inspector de policía corriente y vulgar». Su padre, naturalmente, no la entiende. También él ha notado que había «algo curioso» acerca del visitante, pero no de la misma manera que su hija.

Sheila reacciona apesadumbrada tras reconocer la fotografía de Eva Smith.

En más de un sentido estamos ante una obra pesimista. Los padres se nos muestran como pagados de sí mismos e insensibles, y queda completamente claro que no cabe esperar que mejoren. Pero sí hay un destello de esperanza en las reacciones de la generación más joven. A Sheila y a Eric les afectan de verdad las revelaciones del inspector, y están dispuestos a reconocer su culpa. A Eric le había horrorizado ya la manera en que su padre había tratado a la muchacha mucho antes de averiguar su identidad. El inspector mismo reconoce que los jóvenes son más impresionables. La verdad de esta afirmación queda patente cuando, después de marcharse el inspector, Sheila y Eric hacen saber a sus padres que no están dispuestos a eludir su responsabilidad en la trágica muerte de la muchacha. Padre e hijo rivalizan en hablar a gritos, aunque la principal preocupación del primero es que Eric ha cometido un desfalco. Gerald, sin embargo, pone fin a la agria disputa cuando expone sus sospechas de que el inspector Goole no es tal, sino un impostor. La tensión se relaja entonces y todos los personajes, salvo Eric y Sheila, sienten aliviada su conciencia de culpabilidad. El viejo orden social hipócrita parece restablecerse y, en apariencia, la obra concluye en ese momento. Pero no es así, porque de repente suena el teléfono, y alguien comunica a la familia que una muchacha se ha suicidado y que un inspector va de camino para hacerles unas preguntas. Se trata sin duda de uno de los finales más sobrecogedores de toda la historia del teatro. Es algo completamente inesperado y, sin embargo, debido a la extraordinaria habilidad del dramaturgo, perfectamente verosímil. La acción de la obra se ha desarrollado en una órbita temporal distinta a la que normalmente consideramos «la realidad». La particular teoría de Priestley sobre el Tiempo, que hemos comentado con anterioridad, hace posible esa anticipación de los hechos. Tanto si el espectador lo cree como si no, esa posibilidad forma parte del universo dramático de Priestley.

La visita del inspector, por tanto, termina como empieza, y la acción es circular. Conviene señalar que en su primera obra, *Esquina peligrosa*, Priestley había utilizado ya la misma estrategia dramática. Y también su novela más popular, *Buenos camaradas*, termina del mismo modo que comienza. Como en toda obra magistral, *La visita del inspector* deja en el aire algunas preguntas, y la que nos formulamos a propósito de la circularidad del drama es si el desenlace nos está sugiriendo que los personajes disponen de una segunda oportunidad para enmendar los errores.

La visita del inspector

PERSONAJES

Arthur Birling
Sybil Birling, *su esposa*
Sheila Birling, *su hija*
Eric Birling, *su hijo*
Edna, *doncella*
Gerald Croft, *[prometido de Sheila]*
Inspector Goole

Los tres actos, sin solución de continuidad, transcurren en el comedor de la casa de los Birling, en Brumley, ciudad industrial en la zona norte de los Midlands.[1]

Es una noche de primavera, en 1912.

---

1 Los *Midlands* es una región del sureste de Inglaterra en la que predomina la industria metalúrgica, química y textil.

ACTO PRIMERO

El comedor, con sólidos muebles de la época, de una casa acomodada en un barrio residencial, propiedad de un próspero fabricante. Se nota bienestar económico y un ambiente confortable que no llega a ser ni acogedor ni hogareño. (Si se utiliza un decorado realista, los muebles han de estar al fondo, como se hizo en la producción del New Theatre.[1] De ese modo, puede colocarse la mesa del comedor en el centro del proscenio[1] durante el primer acto, cuando se necesita que esté allí; luego, corriéndola, dejará ver la chimenea durante el segundo acto y, en el tercero, hará su aparición una mesita con el teléfono, delante de la chimenea; y para entonces la mesa y sus sillas se habrán colocado mucho más al fondo del escenario. Los productores que prefieran evitar este montaje complicado, que requiere dos cambios de escena y algunos ajustes muy precisos de decorados móviles adicionales, harían bien prescindiendo de una puesta en escena realista, aunque solo sea porque la mesa de comedor resulta un engorro. La iluminación debe ser íntima y de color rosado hasta la llegada del INSPECTOR, momento en el que ha de hacerse más brillante y dura.)

---

1 *proscenio*: parte del escenario más próxima al público.

1 El estreno de la obra en Inglaterra tuvo lugar en el New Theatre, de Londres, el 1 de octubre de 1946. Los personajes de Eric y del inspector Goole fueron interpretados, respectivamente, por los famosos actores Alec Guinness y Ralph Richardson. En la p. xx de la «Introducción» se ha reproducido una fotografía de este montaje.

Al alzarse el telón, los cuatro miembros de la familia Birling *y* Gerald *están sentados a la mesa, con* Arthur Birling
en una de las cabeceras, su esposa en la otra, Eric *en el proscenio y* Sheila *y* Gerald *al fondo del escenario.* Edna, *la doncella, recoge la mesa, que no tiene mantel, y se lleva los platos del
postre y las copas de champán, etc., reemplazándolos por la botella de cristal fino que contiene el oporto,[2] la caja de cigarros
puros y los cigarrillos. Las copas para el oporto ya están en la
mesa. Las señoras llevan traje de noche y los varones visten frac
y corbata blanca de lazo, no esmoquin.[3]* Arthur Birling *es un
hombre corpulento, bastante convencido de su propia importancia, de unos cincuenta años, de modales algo campechanos y
un tanto provinciano en su manera de hablar. Su esposa bordea
la cincuentena y es una mujer bastante fría, socialmente supe-
rior a su marido.* Sheila *es una muchacha bonita de poco más
de veinte años, encantada de la vida y bastante emocionada por
estar celebrando su compromiso matrimonial.* Gerald Croft
*es un hombre atractivo de unos treinta años, demasiado varonil
para ser un dandi,[4] pero sin duda un perfecto modelo de joven
bien educado, agradable y hombre de mundo.* Eric, *con poco
más de veinte años, no está del todo seguro de sí mismo y es un
muchacho mitad tímido, mitad desafiante. Acaban de disfrutar
de una buena cena, están celebrando algo muy especial y se sienten muy satisfechos de sí mismos.*

Birling. ¿Nos toca ya el oporto, verdad, Edna? Muy bien. *(Em-
    puja la botella hacia* Eric.*)* Estoy seguro de que te gustará,
    Gerald. Finchley me dijo que era exactamente el mismo que
    le vende a tu padre.

---

2 *oporto*: vino tinto ligeramente dulce que procede de la zona de Oporto (Portugal).
3 *esmoquin*: prenda masculina parecida al frac, aunque sin faldones y menos cere-
    moniosa.
4 *dandi*: hombre preocupado en exceso por la elegancia y la apariencia.

GERALD. Entonces será excelente. Mi progenitor se precia de ser un buen juez en materia de oporto. Yo no pretendo saber mucho.

SHEILA. *(Alegre, posesivamente.)* Más te vale, Gerald. No me gustaría nada que supieras todo lo que hay que saber sobre el oporto, como uno de esos viejos de cara congestionada.[5]

BIRLING. Oye, oye, que yo no soy un viejo de cara congestionada.

SHEILA. No, todavía no. Pero tampoco eres un entendido en oporto.

BIRLING. *(Fijándose en que su mujer no se ha servido.)* Vamos, Sybil, esta noche tienes que tomar una copita. Sabes muy bien que es una ocasión especial.

SHEILA. Sí, mamá, claro que sí. Has de beber a nuestra salud.

SRA. BIRLING. *(Sonriendo.)* En ese caso, de acuerdo. Pero solo un poco. Gracias. *(A EDNA, que está a punto de salir con la bandeja.)* Edna, la llamaré desde el salón cuando queramos el café. Probablemente dentro de media hora.[2]

EDNA. *(Saliendo.)* Sí, señora.

> *(Sale EDNA. Todos tienen llenas las copas. BIRLING sonríe, sintiéndose a sus anchas.)*

BIRLING. Bueno, bueno…, esto está muy bien. Francamente bien. Una cena excelente, Sybil. Díselo de mi parte a la cocinera.

GERALD. *(Cortésmente.)* Absolutamente de primera clase.

SRA. BIRLING. *(Con tono de reproche.)* Arthur, no eres tú quien tiene que decir una cosa así…

---

5 Naturalmente, por beber más de la cuenta.

2 En la sociedad victoriana era costumbre que, una vez concluida la cena, los hombres continuaran charlando en la mesa mientras fumaban y bebían, y las mujeres se retiraran al salón.

BIRLING. Trato a Gerald como si fuera de la familia. Y estoy seguro de que no le parece mal.

SHEILA. *(Con fingida agresividad.)* Vamos, Gerald, ¡atrévete a decir que te parece mal!

GERALD. *(Sonriendo.)* No se me ocurriría ni por lo más remoto. De hecho, insisto en ser uno más de la familia. Hace ya bastante tiempo que lo intento, ¿no es verdad? *(Como SHEILA no responde, insiste.)* ¿No es verdad? Sabes que sí.

SRA. BIRLING. *(Sonriendo.)* Claro que lo sabe.

SHEILA. *(Medio en serio, medio en broma.)* Sí, excepto durante todo el verano pasado, en que no apareciste por aquí, y yo me preguntaba qué te podía pasar.

GERALD. Ya te lo he explicado. Tuve mucho trabajo en la fábrica.

SHEILA. *(Con el mismo tono que antes.)* Sí, eso es lo que tú dices.

SRA. BIRLING. Vamos, Sheila, no lo atormentes. Cuando estés casada te darás cuenta de que los hombres con muchas responsabilidades se ven obligados a emplear con frecuencia casi todo su tiempo y su energía en los negocios. Tendrás que acostumbrarte, como yo me he acostumbrado.

SHEILA. No creo que me acostumbre. *(Medio en broma, medio en serio, a GERALD.)* Así que ten cuidado.

GERALD. Sí, sí. Lo tendré, lo tendré.

(A ERIC se le escapa una risotada involuntaria.)

SHEILA. *(Con severidad.)* Explícame el chiste, porque no le veo la gracia.

ERIC. Yo tampoco, de verdad. De repente he sentido ganas de reírme.

SHEILA. Vaya tajada[6] que tienes.

---

6 *tajada*: vulgarismo por 'borrachera'.

ERIC. No es cierto.

SRA. BIRLING. ¡Sheila! ¡Qué manera de hablar es esa! ¡Las cosas que aprendéis las chicas de hoy!

ERIC. Si crees que eso es lo mejor de su repertorio…

SHEILA. No seas estúpido, Eric.

SRA. BIRLING. Sheila y Eric, ya basta. Arthur, ¿qué hay de ese famoso brindis tuyo?

BIRLING. Sí, por supuesto. *(Se aclara la garganta.)* Bien, Gerald, sé que has estado de acuerdo en que la celebración consistiese solo en esta pequeña fiesta familiar. Es una lástima que Sir George y… ummm… Lady Croft no hayan podido acompañarnos, pero como están en el extranjero era inevitable. Ya os he dicho que me han enviado un telegrama muy cariñoso…, no podría serlo más. No lamento que nuestra celebración sea tan en familia…

SRA. BIRLING. Mucho más agradable así, realmente.

GERALD. Estoy de acuerdo.

BIRLING. Yo también, pero eso hace más difícil tener que pronunciar un discurso…

ERIC. *(Sin demasiada rudeza.)* Pues no pronuncies ninguno. Bebemos a su salud y santas pascuas.

BIRLING. No, eso tampoco. Esta es una de las noches más felices de mi vida. Y espero que algún día, Eric, cuando tengas una hija, entiendas por qué. Gerald, voy a decirte con toda franqueza, y sin rodeos, que tu compromiso matrimonial con mi hija significa muchísimo para mí. Sheila te hará feliz y estoy seguro de que tú también sabrás hacerla feliz. Eres exactamente el yerno que siempre he deseado. Tu padre y yo somos rivales amistosos en los negocios desde hace algún tiempo, aunque Crofts Limitada sea más importante y antigua que Birling y Compañía, pero ahora nos has unido, y quizá podríamos contemplar un futuro en el que Crofts y

Birling, en lugar de competir, trabajen juntos… para conseguir menores costos y precios más altos.

GERALD. ¡Muy bien, muy bien! Creo que mi padre estaría de acuerdo en eso.

SRA. BIRLING. Vamos, Arthur, no deberías hablar de negocios en una ocasión como esta.

SHEILA. Opino lo mismo. No me parece nada bien.

BIRLING. Es cierto, estoy de acuerdo con vosotras. Solo lo he mencionado de pasada. Lo que yo quería decir es… que Sheila es una chica con suerte y que tú también, Gerald, eres un joven bastante afortunado.

GERALD. Sé que lo soy…, por lo menos esta vez.

BIRLING. (*Alzando la copa.*) De manera que brindo por que la vida os traiga a ambos, Gerald y Sheila, lo mejor de lo mejor.

SRA. BIRLING. (*Alzando su copa, sonriente.*) Sí, Gerald. Sí, Sheila, cariño. Enhorabuena y que seáis muy felices.

GERALD. Gracias.

SRA. BIRLING. ¡Eric…!

ERIC. (*De manera más bien ruidosa.*) ¡Lo mejor de lo mejor! Mi hermanita resulta a veces un tanto antipática, pero en realidad no es mala persona. ¡Por Sheila!

SHEILA. ¡Majadero! Yo no puedo brindar por mí misma, ¿verdad? ¿Cuándo bebo yo entonces?

GERALD. Puedes brindar por mí.

SHEILA. (*Tranquila y seria ahora.*) Es verdad. Brindo por ti, Gerald.

(*Durante unos instantes se miran.*)

GERALD. (*Con tranquilidad.*) Gracias. Y yo brindo por ti; y espero hacerte todo lo feliz que te mereces.

SHEILA. *(Tratando de mostrarse despreocupada y dueña de sí misma.)* Mira bien lo que dices…, o me harás llorar.

GERALD. *(Sonriendo.)* Bueno, quizá esto nos evite las lágrimas.

(Saca un estuche de sortija.)

SHEILA. *(Emocionada.)* ¡Gerald! ¿Has conseguido la que andabas buscando?

GERALD. *(Entregándole el estuche.)* Sí, la misma.

SHEILA. *(Saca la sortija.)* ¡Ah, es maravillosa! ¡Mira, mamá! ¿No es una preciosidad? Cariño… *(Besa a* GERALD *precipitadamente.)*

ERIC. ¡No pierdas la cabeza!

SHEILA. *(Que se ha puesto la sortija, contemplándola arrobada.)*[7] Creo que es perfecta. Ahora sí que me siento de verdad prometida.

SRA. BIRLING. Así es como debes sentirte, corazón. Es una sortija preciosa. Ten cuidado con ella.

SHEILA. ¡Que tenga cuidado…! No pienso perderla de vista ni un instante.

SRA. BIRLING. *(Sonriendo.)* No hay duda de que la has sacado en el momento oportuno, Gerald. Has sido muy hábil. Ahora, Arthur, si no tienes nada más que decir, creo que será mejor que Sheila y yo pasemos al salón y dejemos que los caballeros…

BIRLING. *(Recalcando mucho las palabras.)* Solo quiero decir una cosa. *(Fijándose en que* SHEILA *continúa admirando la sortija.)* ¿Me estás escuchando, Sheila? A ti también te atañe esto. Y, después de todo, no os hago discursos con mucha…

SHEILA. Lo siento, papá. En realidad te estaba escuchando.

---

7 *arrobada*: embelesada, embobada, fuera de sí.

(Lo mira atenta, como, de hecho, hacen todos los demás. Birling los mantiene así unos instantes antes de proseguir.)

Birling. Estoy encantado con este compromiso y espero que os caséis pronto. Solo quiero añadir una cosa más. Son muchas las tonterías que se dicen en los días que corren…, pero…, y hablo como un hombre de negocios realista, que tiene que correr riesgos y sabe lo que se trae entre manos…, os digo que hagáis caso omiso de esas habladurías pesimistas.[3] Cuando os caséis, lo vais a hacer en un momento muy bueno. Sí, señor. Un momento muy bueno que pronto será incluso mejor. El mes pasado, tan solo porque los mineros fueron a la huelga, se han dicho muchas tonterías sobre problemas laborales en un futuro inmediato. No os preocupéis. Hemos pasado ya lo peor. Finalmente los patronos nos hemos puesto de acuerdo para ocuparnos de proteger adecuadamente nuestros intereses y los intereses del capital. De manera que se acerca una época de creciente prosperidad.

Gerald. Creo que está usted en lo cierto.

Eric. ¿Y qué me dices de la guerra?

Birling. Me alegro de que lo menciones, Eric. A eso voy. Solo porque el Kaiser hace un discurso o dos, o porque unos cuantos oficiales alemanes empinan el codo y dicen sandeces, ya hay quien mantiene que la guerra es inevitable. Y an-

---

3 La época en que transcurre *La visita del inspector* (primavera de 1912) estuvo dominada por numerosos conflictos sociales y una extraordinaria tensión política internacional, con el trasfondo del colonialismo y la lucha por la hegemonía político-económica. Si en el otoño de ese mismo año 1912 estalló la primera guerra de los Balcanes, en que estuvieron involucradas las mayores potencias europeas, los conflictos por el poder derivaron por fin en la Primera Guerra Mundial tan solo dos años después (1914). Las ideas y la actitud de Birling, por ello, quedan automáticamente descalificadas ante el espectador, que conoce esos trágicos acontecimientos.

te eso yo digo, ¡pamplinas! Los alemanes no quieren la guerra. Nadie quiere la guerra, excepto algunas gentes de los
Balcanes a medio civilizar.[4] ¿Y por qué no quieren la guerra?
Hay demasiadas cosas en juego en los días que corren. Con
una guerra se puede perder todo sin ganar nada a cambio.

ERIC. Lo sé. Pero…, de todos modos…

BIRLING. Déjame que termine, Eric. Todavía tienes mucho
que aprender. Os hablo como un hombre de negocios realista, con sentido práctico. Y os digo que no existe la menor
posibilidad de que estalle una guerra. El mundo se desarrolla tan deprisa que la guerra resulta imposible. Fijaos en los
progresos que hacemos. Dentro de uno o dos años tendremos aeroplanos capaces de ir a cualquier sitio. Y daos cuenta de cómo se abren camino los automóviles…, cada vez
son más amplios y rápidos. Y luego está la navegación. Sin
ir más lejos, un amigo mío fue a ver ese trasatlántico nuevo la semana pasada, el «Titanic»…, zarpa la semana que
viene…, cuarenta y seis mil ochocientas toneladas…, se dice pronto…, Nueva York en cinco días…, con todas las comodidades; y no puede hundirse, es absolutamente imposible que se hunda.[5] Son esas las cosas en las que tenéis que
fijaros, hechos como esos, avances de esa magnitud…, y no

---

4 Birling alude al creciente poderío militar alemán (el Kaiser era el emperador
  Guillermo II), fundamento de su expansionismo, y a la crisis ya aludida de los
  Balcanes (1912-1913), un complejísimo conflicto en que se mezclaron diferencias
  religiosas y culturales, ambiciones nacionalistas (revitalizadas en 1991 en el conflicto bélico entre Croacia, Bosnia y Serbia), aspiraciones territoriales de todos
  los países de la zona (entre los que se contaban Rusia, Austria, Grecia e Italia) y
  las rivalidades de las grandes potencias europeas. Birling muestra, una vez más,
  su ceguera y su falta de sensibilidad ante la realidad histórica y social.

5 Como es bien sabido, el «Titanic» fue, en efecto, un gigantesco y lujoso trasatlántico que se construyó con las más extraordinarias medidas de seguridad,
  a pesar de lo cual se hundió en su primer viaje (abril de 1912), inmediatamen-
  te después de la fecha en que transcurre *La visita del inspector*. Priestley, como
  vemos, pretende desautorizar una y otra vez a Birling desde sus primeras inter-
  venciones.

unos cuantos oficiales alemanes diciendo tonterías y algunos traficantes del miedo calentando cabezas sin motivo. Vosotros sois tres personas jóvenes, oídme lo que os voy a decir..., y recordadlo en el futuro. Dentro de veinte o treinta años..., pongamos, por ejemplo, en 1940, quizá estéis dando una pequeña fiesta como esta...,[6] un hijo o una hija vuestra quizá celebre su compromiso matrimonial..., y yo os digo que para entonces viviréis en un mundo que se habrá olvidado de toda esa agitación del Trabajo contra el Capital y de todas esas tontas amenazas de guerra. Habrá paz y prosperidad y progreso constante por todas partes..., excepto, por supuesto, en Rusia, que siempre irá retrasada, como no puede ser menos.

SRA. BIRLING. ¡Arthur! (*La señora* BIRLING *le hace gestos para que termine ya.*)

BIRLING. Sí, cariño, lo sé. Hablo demasiado. Pero vosotros, jovencitos, recordad lo que os he dicho. No podemos permitir que esos Bernard Shaw y H. G. Wells sean los únicos en hablar.[7] También nosotros, los hombres de negocios realistas y con sentido práctico, hemos de decir algo alguna vez. Y nosotros no adivinamos..., nosotros tenemos experiencia..., y sabemos lo que hacemos.

SRA. BIRLING. (*Poniéndose en pie. Los demás la imitan.*) Naturalmente, cariño. De todos modos..., no retengas demasiado a Gerald. Eric, quisiera hablar contigo un instante.

---

6 Recordemos que en 1940 acababa de estallar la Segunda Guerra Mundial, una circunstancia poco propicia para celebraciones...

7 Tanto George Bernard Shaw (1856-1950) como Herbert George Wells (1866-1946) pertenecieron a la Sociedad Fabiana de Londres, organización política de un socialismo moderado, cuyas ideas defendieron ambos escritores en multitud de libros y artículos. Bernard Shaw, en particular, denunció reiteradamente en sus obras la hipocresía, el conformismo y el convencionalismo de la clase burguesa británica; el tema de algunas de sus obras (como el ideal de la nueva mujer o la prostitución) suscitaron un considerable escándalo social. Sus ideas, por tanto, asoman en *La visita del inspector*.

(La Sra. Birling, Sheila *y* Eric *salen.* Birling *y* Gerald *vuelven a sentarse.)*

Birling. ¿Un puro?

Gerald. No, gracias. La verdad es que no me gustan mucho.

Birling. *(Tomando uno.)* Ah, no sabes lo que te pierdes. A mí me gustan mucho los buenos cigarros puros. *(Señalando la botella de cristal con el oporto.)* Sírvete tú mismo.

Gerald. Gracias.

*(*Birling *enciende el puro y* Gerald, *que ha encendido un cigarrillo, se sirve oporto y pasa la botella a* Birling.*)*

Birling. Gracias. *(Con tono confidencial.)* Por cierto, hay algo que me gustaría comentarte…, en confianza, ahora que estamos tú y yo solos. Tengo la impresión de que a tu madre…, de que a Lady Croft…, si bien no pone objeciones a mi hija…, le parece que, socialmente, podrías haber encontrado un partido mejor… *(*Gerald, *más bien molesto, empieza a protestar con un murmullo, pero* Birling *le interrumpe.)* No, Gerald, no tiene nada de particular. No la culpes. Viene de una antigua familia…, grandes propietarios rurales…, y es perfectamente lógico. Pero lo que quería decirte es lo siguiente: existe una razonable posibilidad de que mi nombre figure en la próxima lista de distinciones. Nada más que un título de caballero, por supuesto.[8]

Gerald. Vaya, excelente noticia. ¡Enhorabuena!

---

[8] El matrimonio de Sheila con Gerald satisface las aspiraciones de medro social de Arthur Birling. La madre de Gerald, Lady Croft, pertenece a la antigua aristocracia rural, y de ahí que no acabe de ver con buenos ojos el enlace de su hijo con Sheila, miembro de una familia de la burguesía industrial. Por eso la noticia de que Birling pueda acceder al título de "caballero" (en inglés, *knighthood*), que lleva aparejado el tratamiento de Sir, puede atenuar las reservas de Lady Croft. Por otro lado, la lista de distinciones (*Honours List*) es una relación de personas que se han distinguido por sus servicios al país y entre las que el monarca escoge algunas para condecorarlas con un título u otro tipo de distinción.

Birling. Gracias. Aunque todavía es un poco prematuro para felicitarme. Así que no digas nada. Pero me han hecho una o dos insinuaciones. No sé si recuerdas que era alcalde hace dos años, cuando nos visitó la familia real. Y siempre se me ha considerado un valor seguro y útil para el partido. De manera que…, bueno…, colijo[8] que las posibilidades de conseguir un título de caballero son buenas…, siempre que nos portemos bien, claro, que no aparezcamos por la comisaría ni organicemos un escándalo, ¿eh? *(Ríe complacido.)*

Gerald. *(Ríe también.)* Parecen ustedes una buena familia, que se comporta como es debido…

Birling. Eso es lo que nosotros pensamos…

Gerald. Pues si ese es el único obstáculo, me parece que está usted en condiciones de aceptar ya mis felicitaciones.

Birling. No, no; eso no lo puedo hacer. Y no digas nada aún.

Gerald. ¿Ni siquiera a mi madre? Sé que se va a alegrar mucho.

Birling. Bueno, cuando vuelva…, se lo puedes dar a entender. Y asegúrale que haremos lo imposible para no meternos en líos durante los próximos meses.

(Los dos ríen. Entra Eric.)

Eric. ¿Qué es lo que tiene tanta gracia? ¿Habéis empezado a contar chistes?

Birling. No. ¿Quieres otra copa de oporto?

Eric. *(Sentándose.)* Sí, gracias. *(Toma la botella y se sirve.)* Mamá dice que no os quedéis mucho tiempo aquí. Pero no creo que importe demasiado. Las he dejado hablando de trapos una vez más. Cualquiera pensaría que las chicas no tienen ropa hasta que se casan. A las mujeres les chifla eso.

---

8 *colegir*: deducir.

BIRLING. Sí, hijo mío, pero tienes que recordar que la ropa significa algo completamente distinto para una mujer. No se trata solo de algo que ponerse, ni tampoco de algo para estar guapa, sino…, más bien…, una especie de señal o símbolo de su propia estimación.

GERALD. Eso es cierto.

ERIC. *(Con gran animación.)* Sí, recuerdo… *(Pero se corta.)*

BIRLING. Di…, ¿qué es lo que recuerdas?

ERIC. *(Arrepentido.)* No, nada.

BIRLING. ¿Nada?

GERALD. *(Divertido.)* Me parece un tanto sospechoso.

BIRLING. *(Adoptando la misma actitud.)* Sí; nunca se sabe los líos en que son capaces de meterse estos chicos de hoy. Disponen de más dinero para gastar y de más tiempo libre que nosotros a su edad. A nosotros nos hacían trabajar como a esclavos y llevábamos muy poco dinero en el bolsillo. Aunque incluso entonces…, también echábamos una cana al aire[9] de vez en cuando.

GERALD. Seguro que sí.

BIRLING. *(Con tono solemne.)* Sin embargo, ahí está lo importante. No quiero volver a sermonearos, pero lo que la mayoría de vosotros, los jóvenes, parecéis no entender ahora, cuando las cosas son mucho más fáciles, es que un hombre tiene que abrirse su propio camino, tiene que cuidar de sus intereses y, por supuesto, de los de su familia, si la tiene… Mientras haga eso, no le irán mal las cosas. Aunque, por la manera en que algunos de esos chiflados hablan y escriben ahora,[9] da la impresión de que todo el mundo está obligado a cuidar de todo el mundo…, como si estuviéramos mezcla-

---

9 *echar una cana al aire*: divertirse.

9 Birling alude a escritores como Bernard Shaw o H. G. Wells, a los que él mismo se ha referido explícitamente con anterioridad (véase n. 7, p. 13).

dos como las abejas de una colmena…, la comunidad y todas esas tonterías. Pero hacedme caso a mí, ahora que sois
jóvenes, porque lo que sé lo he aprendido en la escuela de la
experiencia, una maestra dura pero competente; lo que un
hombre tiene que hacer es ocuparse de sus propios asuntos
y cuidar de sus intereses y de los de su…[10]

(Se oye el sonido agudo de la campanilla de la puerta
principal. BIRLING se interrumpe para escuchar.)

ERIC. Han llamado a la puerta.

BIRLING. Edna saldrá a abrir. Bien, Gerald, otra copa de oporto e iremos a reunirnos con las señoras. Eso servirá para que
deje de darte buenos consejos.

ERIC. Sí, papá, me parece que esta noche se te ha ido un poco la mano.

BIRLING. Una ocasión especial. Y, como me siento muy satisfecho, he querido, por una vez, que os pudierais aprovechar
de mi experiencia.

(Entra EDNA.)

EDNA. El señor tiene una visita, un inspector.

BIRLING. ¿Un inspector? ¿Qué clase de inspector?

EDNA. Un inspector de policía. Dice que se llama Goole.

BIRLING. No lo conozco. ¿Quiere verme a mí?

EDNA. Sí, señor. Dice que es importante.

BIRLING. Muy bien, Edna. Hágalo pasar e ilumine algo más la
estancia. *(EDNA hace lo que se le indica y luego sale.)* Todavía

---

10 En su discurso, Birling deja traslucir los principios del liberalismo económico.
Sus palabras son un eco de las que pronuncia Ebenezer Scrooge, el protagonista
del relato de Dickens *Canción de Navidad* (1843), al despedir a los caballeros que
le piden una contribución para los pobres: «Bastante tiene un hombre con aten-
der sus propios asuntos para entrometerse en los de los demás».

soy magistrado.[10] Quizá sea algo relacionado con un mandamiento judicial.

GERALD. *(En tono desenfadado.)* Sin duda. A no ser que Eric haya hecho alguna de las suyas. *(Con la cabeza hace un gesto de complicidad a* BIRLING.*)* Y eso sería un tanto inconveniente, ¿no es cierto?

BIRLING. *(En broma.)* Muy inconveniente.

ERIC. *(Que está molesto, con brusquedad.)* Oye, ¿a qué te refieres?

GERALD. *(Desenfadado.)* Tan solo a algo que hemos comentado cuando tú no estabas. No es más que una broma.

ERIC. *(Todavía molesto.)* Pues yo no le veo la gracia.

BIRLING. *(Cortante, mirando fijamente a su hijo.)* ¿Se puede saber qué es lo que te pasa?

ERIC. *(Desafiante.)* Nada.

EDNA. *(Abre la puerta y anuncia la visita.)* El inspector Goole.

> *(Entra el* INSPECTOR *y sale* EDNA, *que cierra la puerta. El* INSPECTOR *no tiene que ser un hombre grande, pero su figura impone de inmediato, pues es un hombre resuelto y de sólida argumentación. Tiene unos cincuenta años y va vestido con un traje corriente de la época, de color oscuro. Se expresa cuidadosamente, con mesura, y tiene la costumbre desconcertante de mirar muy fijamente a la persona a la que se dirige antes de empezar a hablar.)*

INSPECTOR. ¿El señor Birling?

BIRLING. Sí. Siéntese, inspector.

INSPECTOR. *(Sentándose.)* Gracias.

BIRLING. ¿Una copa de oporto o un poco de whisky?

INSPECTOR. No, muchas gracias. Estoy de servicio.

---

10 *magistrado*: juez.

BIRLING. Es usted nuevo, ¿no es cierto?

INSPECTOR. Así es, en efecto. Me han trasladado hace poco.

BIRLING. Eso me parecía. He sido concejal muchos años…, alcalde hace dos…, y todavía pertenezco a la magistratura…, de manera que conozco bien a los policías de Brumley… Y a usted no recuerdo haberlo visto nunca.

INSPECTOR. Así es, efectivamente.

BIRLING. Bien, ¿qué puedo hacer por usted? ¿Algún problema con un mandamiento judicial?

INSPECTOR. No, señor.

BIRLING. *(Después de una pausa, con un toque de impaciencia.)* Bien, ¿de qué se trata entonces?

INSPECTOR. Quisiera un poco de información, si no tiene inconveniente. Una joven ha muerto hace dos horas en el hospital. La han llevado esta tarde, pues había tomado una gran cantidad de desinfectante. La ha abrasado por dentro, como es lógico.

ERIC. *(Sin poder evitarlo.)* ¡Dios mío!

INSPECTOR. Sí, ha sufrido mucho. En el hospital han hecho todo lo que han podido, pero ha sido inútil. Un suicidio, por supuesto.

BIRLING. *(Más bien con impaciencia.)* Sí, sí. Una cosa horrible. Pero no entiendo por qué ha tenido usted que venir aquí, inspector…

INSPECTOR. *(Interrumpiéndole con autoridad.)* Me he pasado por la habitación donde vivía, y la chica ha dejado una carta y una especie de diario. Como sucede con muchas de esas jóvenes que se meten en distintos líos, utilizaba más de un nombre. Pero su primer nombre, su verdadero nombre, era Eva Smith.

BIRLING. *(Pensativo.)* ¿Eva Smith?

INSPECTOR. ¿La recuerda usted, señor Birling?

BIRLING. *(Hablando despacio.)* No…, pero me parece haber oído ese nombre…, Eva Smith…, en algún sitio. Aunque no me trae ningún recuerdo. Y no acabo de ver mi relación con ese asunto.

INSPECTOR. Trabajó en su fábrica.

BIRLING. Ah, entonces se trata de eso. Como sabe, empleamos a varios centenares de jóvenes, pero esas chicas cambian con frecuencia.

INSPECTOR. Eva Smith se salía un poquito de lo ordinario. He encontrado una fotografía entre sus pertenencias. Quizá le refresque la memoria.

> *(El* INSPECTOR *se saca del bolsillo una fotografía, del tamaño de una tarjeta, y se dirige hacia* BIRLING. *Tanto* GERALD *como* ERIC *se levantan para verla, pero el* INSPECTOR *se lo impide, lo que les sorprende e incluso les molesta.* BIRLING *contempla la fotografía con fijeza y reconoce a la retratada; luego el* INSPECTOR *vuelve a guardarse la fotografía en el bolsillo.)*

GERALD. *(Manifestando su descontento.)* ¿Hay alguna razón especial para que yo no pueda ver la fotografía de esa muchacha, inspector?

INSPECTOR. *(Fríamente y mirándolo con mucha fijeza.)* Puede que la haya.

ERIC. Y lo mismo se aplica a mí, supongo.

INSPECTOR. Así es.

GERALD. No se me ocurre cuál pueda ser el motivo.

ERIC. A mí tampoco.

BIRLING. He de decir, inspector, que yo tampoco lo entiendo.

INSPECTOR. Es mi manera de trabajar. Una persona y una línea de investigación cada vez. De lo contrario todo se complica.

BIRLING. Comprendo. Tiene sentido. *(Se agita inquieto en la silla, luego se vuelve.)* Ya has bebido suficiente oporto, Eric.

(El INSPECTOR *lo mira fijamente, hasta que* BIRLING *se da cuenta.)*

INSPECTOR. Me parece que ahora ya recuerda a Eva Smith, ¿no es así, señor Birling?

BIRLING. Sí, efectivamente. Era una de mis empleadas, pero la despedí.

ERIC. ¿Se ha suicidado por eso? ¿Cuándo la despediste?

BIRLING. Tú cállate, Eric, y no te pongas nervioso. Hace casi dos años que esa muchacha dejó de trabajar para nosotros. Veamos…, debió de ser a comienzos del otoño de 1910.

INSPECTOR. Sí. A finales de septiembre de 1910.

BIRLING. Eso es.

GERALD. Perdone, señor Birling, pero quizá prefiera que me vaya.

BIRLING. No me importa que te quedes, Gerald. Y estoy seguro de que el inspector no tiene nada que objetar, ¿no es cierto? Quizá deba explicar que mi invitado es el señor Gerald Croft, el hijo de Sir George Croft…, ya sabe, Crofts Limitada.

INSPECTOR. Así que el señor Gerald Croft, ¿eh?

BIRLING. Sí. Y, dicho sea de paso, estábamos celebrando en la intimidad el compromiso matrimonial del señor Croft con mi hija, Sheila.

INSPECTOR. Comprendo. El señor Croft se va a casar con la señorita Sheila Birling.

GERALD. *(Sonriendo.)* Eso espero.

INSPECTOR. *(Con entonación seria.)* En ese caso prefiero que se quede.

GERALD. *(Sorprendido.)* Ah… De acuerdo.

BIRLING. *(Con cierta impaciencia.)* Vamos a ver… No hay nada misterioso…, ni escandaloso, en este asunto…, al menos, por lo que a mí se refiere. Es un caso perfectamente claro y, puesto que sucedió hace más de dieciocho meses, casi dos años, es evidente que no tiene nada que ver con el suicidio de esa pobre desgraciada. ¿No le parece, inspector?

INSPECTOR. No, señor. No estoy de acuerdo con usted en eso.

BIRLING. ¿Por qué no?

INSPECTOR. Porque lo que le ocurrió entonces puede haber determinado lo que le sucedió a continuación, y eso, a su vez, pudo empujarla al suicidio. Una cadena de acontecimientos.

BIRLING. Sí, claro… Enfocándolo de esa manera hay algo de verdad en lo que dice. Pero, de todos modos, la responsabilidad no es mía. Sería muy embarazoso[11] que todos fuésemos responsables de lo que les ocurra a todas las personas con las que nos relacionamos, ¿no es cierto?

INSPECTOR. Sumamente embarazoso.

BIRLING. Nos encontraríamos en una situación absurda.

ERIC. ¡Ya lo creo! Y, como decías hace poco, papá, lo que tiene que hacer un hombre es cuidar de sus…

BIRLING. Sí, bueno, no es necesario que volvamos ahora sobre todo eso.

INSPECTOR. ¿Sobre qué, exactamente?

BIRLING. Ah… Antes de que usted llegase estuve dando algunos buenos consejos a estos jóvenes. Pero…, volviendo a esa muchacha, a esa Eva Smith. Ahora la recuerdo muy bien. Era una chica guapa, alegre, supongo que criada en un pueblo, y llevaba algo más de un año trabajando en uno

---

11 *embarazoso*: incómodo, molesto.

de nuestros talleres. Una obrera competente, por añadidura. De hecho, el capataz me dijo que pensaba ascenderla a lo que nosotros llamamos operaria jefe, a la cabeza de un grupito de muchachas. Pero al volver de las vacaciones de agosto todas estaban descontentas y, de repente, decidieron pedir un aumento. Ganaban de promedio unos veintidós con seis, ni más ni menos de lo que se paga por lo general en nuestro ramo. Querían que se les subiera el salario hasta veinticinco chelines a la semana. Me negué, como es lógico.

INSPECTOR. ¿Por qué?

BIRLING. *(Sorprendido.)* ¿Ha dicho usted «por qué»?

INSPECTOR. Sí. ¿Por qué se negó?

BIRLING. Veamos, inspector, no creo que mi manera de dirigir la fábrica sea asunto suyo, ¿no le parece?

INSPECTOR. Quizá sí lo sea.

BIRLING. No me gusta su tono.

INSPECTOR. Lo siento, pero me ha hecho usted una pregunta.

BIRLING. Y usted me hizo otra antes, una pregunta completamente innecesaria.

INSPECTOR. Preguntar es mi obligación.

BIRLING. Pues bien, mi obligación es contener el costo de la mano de obra y, si hubiera aceptado esa petición de aumento de sueldo, habría añadido alrededor de un doce por ciento a nuestros costos. ¿Le parece razón suficiente? De modo que me negué. Dije que no era negociable. Les dije que pagábamos salarios normales y que, si no les gustaban, podían irse a trabajar a otro sitio. Este es un país libre, les dije.

ERIC. No lo es si no se encuentra trabajo en otro sitio.

INSPECTOR. Efectivamente.

BIRLING. *(A* ERIC.*)* Tú no te metas en esto. Ni siquiera habías empezado a ir a la fábrica cuando sucedió. De manera que se declararon en huelga. No duró mucho, claro.

GERALD. No me extraña si ocurrió después de las vacaciones. Estarían todas sin un céntimo…, es lo que suele sucederles.

BIRLING. Exacto, Gerald. La mayoría estaba sin un céntimo. La huelga no duró más que una o dos semanas. Una historia lamentable. Bien. Las dejamos que se reincorporasen, con el antiguo salario, menos a las cuatro o cinco cabecillas que habían soliviantado[12] a las demás. Fui yo mismo a decirles que se marcharan. Y esa chica, Eva Smith, era una de las que más había hablado, mucho más de lo necesario, de manera que tuvo que irse.

GERALD. No podía usted hacer otra cosa.

ERIC. Sí que podía. Podía haber dejado que siguiera trabajando en lugar de ponerla de patitas en la calle. Me parece demasiado duro.

BIRLING. ¡Tonterías! Si no tratas con firmeza a esa gente, muy pronto te pedirán la luna.

GERALD. ¡Ya lo creo que sí!

INSPECTOR. Es posible. Pero, después de todo, es mejor pedir la luna que robarla.

BIRLING. *(Mirando al INSPECTOR.)* ¿Cómo ha dicho usted que se llamaba, inspector?

INSPECTOR. Goole. G, dos os, l, e.

BIRLING. ¿Qué tal se lleva con nuestro jefe de policía, el coronel Roberts?

INSPECTOR. No lo veo mucho.

BIRLING. Quizás deba advertirle que es un buen amigo mío y que nos vemos con bastante frecuencia. A veces jugamos juntos al golf en West Brumley.

INSPECTOR. *(Con sequedad.)* Yo no juego al golf.

BIRLING. No pensaba que lo hiciera.

---

12 *soliviantar*: inducir a alguien a adoptar una actitud rebelde.

ERIC. *(Estallando.)* Vaya, pues yo creo que es una lástima.

INSPECTOR. No, nunca me ha interesado ese juego.

ERIC. No, no; me refiero a esa chica, a Eva Smith. ¿Por qué no iba a pedir mejor salario? Nosotros tratamos de vender lo más caro que podemos. Y no veo por qué había que despedirla, solo porque tuviera un poco más de carácter que las otras. Tú mismo has dicho que era una buena operaria. Yo la hubiera dejado quedarse.

BIRLING. *(Bastante enfadado.)* Como no te aclares las ideas, nunca podrás decirle a nadie si tiene que quedarse o si tiene que marcharse. Ya es hora de que aprendas a enfrentarte con tus responsabilidades. Eso es algo que la vida en un colegio privado y en una universidad no parece haberte enseñado.

ERIC. *(Malhumorado.)* Todo eso no creo que le interese mucho al inspector, ¿no te parece?

BIRLING. Lo que yo creo es que no tenemos nada interesante que contarle al inspector. En realidad ya se lo he explicado todo. Le dije a la chica que se fuera, y se fue. No he vuelto a saber nada de ella. ¿Tiene usted idea de lo que le sucedió después? ¿Se metió en algún lío? ¿Hacía la calle?[13]

INSPECTOR. *(Con bastante lentitud.)* No, no hizo la calle exactamente.

(Entra SHEILA.*)*

SHEILA. *(Con animación.)* ¿Qué es eso de la calle? *(Reparando en el* INSPECTOR.*)* Lo siento…, no sabía. Mamá me manda para preguntaros por qué no pasáis al salón.

BIRLING. No nos llevará más de un minuto. Estamos terminando.

INSPECTOR. Me temo que no.

---

13 *hacer la calle*: dedicarse a la prostitución.

BIRLING. *(Con brusquedad.)* No hay nada más que contar, entiéndalo. Acabo de decírselo.

SHEILA. ¿Qué pasa?

BIRLING. No tiene nada que ver contigo. Vuelve al salón.

INSPECTOR. No; espere un momento, señorita Birling.

BIRLING. *(Enojado.)* Óigame, inspector. Considero improcedente su actitud; todo esto es una intromisión. Me parece que voy a presentar una queja contra usted. Ya le he dicho todo lo que sé, que a mí no me parece muy importante, y ahora no hay la menor razón para involucrar a mi hija en este asunto tan desagradable.

SHEILA. ¿Qué asunto? ¿Qué está pasando?

INSPECTOR. *(Hablando de una forma que impresiona.)* Soy inspector de policía, señorita Birling. Esta tarde una joven ha bebido un desinfectante y, después de varias horas de agonía, ha muerto en el hospital.

SHEILA. ¡Qué cosa tan horrible! ¿Ha sido un accidente?

INSPECTOR. No. Quería poner fin a su vida. No se sentía capaz de seguir adelante.

BIRLING. Pero no me diga que ha sido porque yo la despedí hace casi dos años.

ERIC. Eso pudo haber sido el principio.

SHEILA. ¿Tú la despediste, papá?

BIRLING. Sí. Había estado causando problemas en la fábrica. Tenía motivos para hacerlo.

GERALD. Estoy de acuerdo; creo que tuvo razón. Sé que nosotros hubiéramos hecho lo mismo. No me mires de esa manera, Sheila.

SHEILA. *(Bastante afectada.)* Lo siento. No puedo por menos de pensar en esa pobre chica, destrozándose horriblemente mientras yo era tan feliz. Preferiría que no me lo hubieran dicho. ¿Qué aspecto tenía? ¿Era muy joven?

INSPECTOR. Sí, veinticuatro años.

SHEILA. ¿Era bonita?

INSPECTOR. No lo era ya cuando la he visto hoy, pero había sido bonita, muy bonita.

BIRLING. Ya está bien.

GERALD. Y yo no veo que esta investigación lleve a ninguna parte, inspector. Lo importante es lo que le haya sucedido a esa muchacha desde que dejó la fábrica del señor Birling.

BIRLING. Evidentemente. Ya lo he mencionado antes.

GERALD. Y en eso no podemos ayudarle porque no lo sabemos.

INSPECTOR. *(Habla despacio.)* ¿Están seguros de que no lo saben?

> *(Mira a* GERALD, *luego a* ERIC *y finalmente a* SHEILA.*)*

BIRLING. ¿Insinúa usted que alguien más de los aquí presentes sabe algo de esa chica?

INSPECTOR. Sí.

BIRLING. Entonces, ¿no ha venido a verme solo a mí?

INSPECTOR. No.

> *(Los demás intercambian miradas de desconcierto y aprensión.)*

BIRLING. *(Con un pronunciado cambio de tono.)* Bien, por supuesto que si lo hubiera sabido antes no le habría llamado entrometido ni hubiese hablado de denunciarlo. Eso lo comprende, ¿verdad, inspector? Pensaba que... por alguna razón que solo usted conocía, estaba desorbitando el poquito de información que yo podía proporcionarle. Lo siento. Esto es diferente. ¿Está seguro de los hechos?

INSPECTOR. De algunos, sí.

BIRLING. No puedo creer que tengan mucha importancia.

INSPECTOR. Pero la muchacha ha muerto.

SHEILA. ¿Qué quiere decir con eso? Habla como si fuésemos responsables...

BIRLING. *(Interrumpiéndola.)* Un momento, Sheila. Quizá usted y yo, inspector, deberíamos hacer un aparte y discutir tranquilamente este asunto...

SHEILA. *(Interrumpiéndole a su vez.)* ¿Por qué tú? Ya ha terminado contigo. Ha dicho que ahora le toca el turno a uno de nosotros.

BIRLING. Sí, y estoy tratando de arreglarlo de la manera más conveniente.

GERALD. Por lo que a mí se refiere no hay nada que arreglar. No conozco a ninguna Eva Smith.

ERIC. Yo tampoco.

SHEILA. ¿Es así como se llamaba? ¿Eva Smith?

GERALD. Sí.

SHEILA. No he oído nunca ese nombre.

GERALD. ¿Qué nos dice ahora, inspector?

INSPECTOR. Lo mismo que antes, señor Croft. Ya les he explicado que, como muchas de esas jóvenes, utilizaba más de un nombre. Aún era Eva Smith cuando el señor Birling la echó de su fábrica..., por querer veinticinco chelines a la semana en lugar de veintidós con seis. Pero después dejó de llamarse Eva Smith. Quizás había tenido más que suficiente.

ERIC. No me extraña.

SHEILA. *(A BIRLING.)* Creo que fue una mezquindad lo que hiciste. Y quizás hundió a esa muchacha.

BIRLING. ¡Estupideces! *(Al INSPECTOR.)* ¿Sabe usted lo que fue de esa chica después de salir de mi fábrica?

INSPECTOR. Sí. Estuvo sin trabajo los dos meses siguientes. Sus padres habían muerto, de manera que carecía de un hogar al que volver. Y no había podido ahorrar mucho con lo que

Birling y Compañía le pagaba. De manera que, al cabo de dos meses, sin trabajo, sin ingresos, con un alquiler que pagar, sin familiares que la ayudaran, con muy pocos amigos, sola, pasando hambre, se sentía desesperada.

SHEILA. *(Conmovida.)* No es para menos. Qué vergüenza.

INSPECTOR. Hay muchas jóvenes viviendo así en todas las ciudades y poblaciones importantes de este país, señorita Birling. Si no las hubiera, las fábricas y las grandes tiendas no sabrían dónde ir a buscar mano de obra barata. Pregúntele a su padre.

SHEILA. Pero esas chicas no son mano de obra barata. Son personas.

INSPECTOR. *(Con ironía.)* Esa idea también se me ha ocurrido a mí de vez en cuando. De hecho he pensado que no nos vendría mal tratar a veces de ponernos en el lugar de esas muchachas que cuentan los pocos peniques de que disponen en sórdidas[14] habitaciones interiores.

SHEILA. Sí, supongo que sí. Pero, ¿qué le sucedió después?

INSPECTOR. Tuvo lo que a ella le pareció la gran suerte de entrar a trabajar en una tienda, y una de las mejores, Milwards.

SHEILA. ¡Milwards! Nosotras vamos allí…, de hecho yo he estado allí esta tarde…, *(Arquea las cejas mirando a* GERALD.*)* para complacerte.

GERALD. *(Sonriendo.)* ¡Estupendo!

SHEILA. Sí; tuvo suerte cuando la contrataron en Milwards.

INSPECTOR. Eso fue lo que ella pensó. Porque a principios de diciembre de aquel año, 1910, hubo una epidemia de gripe y en Milwards se encontraron de pronto escasos de personal. Eso fue lo que le dio su oportunidad. Parece que le gustaba

---

14 *penique*: moneda inglesa de ínfimo valor (hoy equivaldría aproximadamente a un céntimo de euro); *sórdida*: sucia, miserable.

trabajar allí. Era un cambio agradable después de una fábrica. Disfrutaba estando entre ropa bonita, no me cabe duda. Y en aquel momento creyó que tenía una buena oportunidad para empezar de nuevo. Imagínese cómo se sentía.

SHEILA. Sí, claro.

BIRLING. Pero después volvió a meterse en líos, ¿me equivoco?

INSPECTOR. Al cabo de un par de meses, cuando tenía la impresión de haber encajado en la tienda sin problemas, le dijeron que debía marcharse.

BIRLING. ¿No hacía bien su trabajo?

INSPECTOR. Su trabajo era satisfactorio. Eso se lo reconocieron.

BIRLING. Algo haría mal.

INSPECTOR. Solo supo que una clienta se había quejado de ella…, y tuvo que irse.

SHEILA. (*Mirándolo fijamente, nerviosa.*) ¿Cuándo fue eso?

INSPECTOR. (*Hablando de una manera que impresiona.*) A finales de enero… del año pasado.

SHEILA. ¿Qué…? ¿Qué aspecto tenía esa chica?

INSPECTOR. Si se acerca podrá verlo.

> (*Va junto a una luz —quizá una lámpara corriente— y* SHEILA *se acerca a él. El* INSPECTOR *saca la fotografía. Ella la mira de cerca, la reconoce con un gritito, deja escapar un sollozo ahogado y sale corriendo del comedor. El* INSPECTOR *se guarda la fotografía en el bolsillo y la ve alejarse con inquisitiva curiosidad.*[15] *Durante unos momentos los otros tres no salen de su asombro.*)

---

15 Esto es, 'con una curiosidad que le lleva a interrogarse (*inquisitiva*) sobre la actitud de la joven'.

BIRLING. ¿Qué le pasa?

ERIC. Ha reconocido a la chica de la fotografía, ¿no es eso?

INSPECTOR. Sí.

BIRLING. *(Colérico.)* ¿Qué es lo que se propone, disgustando a mi hija de esa manera?

INSPECTOR. No he sido yo. Se ha disgustado ella sola.

BIRLING. Pero…, ¿por qué?

INSPECTOR. No lo sé…, todavía. Es algo que tengo que averiguar.

BIRLING. *(Todavía muy enfadado.)* Si no le importa…, me enteraré yo primero.

GERALD. ¿Voy a buscarla?

BIRLING. *(Levantándose.)* No, déjame a mí. He de hablar con mi esposa…, contarle lo que pasa. *(Se vuelve al llegar junto a la puerta, mirando colérico al INSPECTOR.)* Estábamos celebrando una agradable fiesta familiar. Pero, ¡vaya desastre en que ha conseguido usted convertirla!

INSPECTOR. *(Sin inmutarse.)* Eso es más o menos lo que pensaba yo esta noche a primera hora, mientras contemplaba en el hospital los restos mortales de Eva Smith. Una vida bien prometedora, pensé, y vaya desastre que alguien ha conseguido hacer de ella.

> *(BIRLING parece dispuesto a replicar, luego se lo piensa mejor y sale, cerrando la puerta con brusquedad. GERALD y ERIC intercambian miradas intranquilas. El INSPECTOR hace caso omiso de los dos.)*

GERALD. Me gustaría echar una ojeada a esa fotografía, inspector.

INSPECTOR. Todo a su debido tiempo.

GERALD. No veo por qué…

INSPECTOR. *(Interrumpiéndole con autoridad.)* Ya ha oído lo que he dicho antes, señor Croft. Una línea de investigación cada vez. De lo contrario hablaremos todos al mismo tiempo y no sabremos dónde estamos. Si tiene algo que decirme, pronto dispondrá de su oportunidad.

GERALD. *(Bastante inquieto.)* Bueno, supongo que no he…

ERIC. *(Estallando de repente.)* Escuche, ¡ya estoy harto!

INSPECTOR. *(Irónico.)* Eso parece.

ERIC. *(Incómodo.)* Perdone…, pero, entiéndalo…, celebrábamos una fiesta…, he bebido un poco, incluidas unas cuantas copas de champán…, y me duele la cabeza… De modo que, como aquí estoy de más, será mejor que me retire.

INSPECTOR. A mí me parece mejor que se quede.

ERIC. ¿Por qué tendría que hacerlo?

INSPECTOR. Puede resultarle menos molesto. Si se retira, quizá tenga que reaparecer dentro de muy poco.

GERALD. ¿No está siendo un poco autoritario, inspector?

INSPECTOR. Es posible. Pero si ustedes me dan facilidades, también se las daré yo.

GERALD. Después de todo, como sabe bien, somos ciudadanos respetables, no delincuentes.

INSPECTOR. En ocasiones no hay tanta diferencia como usted cree. A menudo, si de mí dependiera, no sabría dónde trazar la raya.

GERALD. Afortunadamente eso no depende de usted, ¿no es cierto?

INSPECTOR. No, no depende de mí. Pero algunas cosas sí dependen de mí. Investigaciones como esta, por ejemplo. *(Reaparece* SHEILA, *quien, al parecer, ha estado llorando.)* ¿Y bien, señorita Birling?

SHEILA. *(Entra y cierra la puerta.)* Sabía usted desde el principio que se trataba de mí, ¿no es eso?

INSPECTOR. Suponía que podía tratarse de usted... por algo que la muchacha dejó escrito.

SHEILA. Se lo he contado a mi padre..., a él no le parece que tenga mucha importancia..., pero me sentí muy mal cuando sucedió y ahora me siento todavía peor. ¿Fue muy importante para ella?

INSPECTOR. Creo que sí. Ya no consiguió ningún otro empleo fijo. Cuando lo perdió, sin que le dieran ninguna explicación razonable, decidió que más le valía probar otra clase de vida.

SHEILA. *(Sintiéndose muy desdichada.)* ¿De manera que soy yo la responsable?

INSPECTOR. No del todo. Aún le pasaron muchas cosas después. Pero usted es culpable en parte. Igual que su padre.

ERIC. Pero, ¿qué hizo Sheila?

SHEILA. *(Afligida.)* Fui a hablar con el gerente de Milwards y le dije que si no despedían a esa chica no volvería a comprar allí, y que convencería a mi madre para que cerrase la cuenta que tiene con ellos.

INSPECTOR. Y, ¿por qué hizo eso?

SHEILA. Porque estaba de pésimo humor.

INSPECTOR. ¿Qué había hecho esa chica para que se enfadara tanto?

SHEILA. Cuando me estaba mirando al espejo, vi cómo sonreía a la dependienta y me enfurecí con ella. Estaba de muy mal humor de todos modos.

INSPECTOR. ¿Fue culpa de la muchacha?

SHEILA. No; en realidad, no. Fui yo quien tuvo la culpa. *(De repente, dirigiéndose a* GERALD.*)* Está bien, Gerald, no hace falta que me mires así. Yo por lo menos trato de decir la verdad. Supongo que tú también habrás hecho cosas de las que te avergüenzas.

GERALD. *(Sorprendido.)* Nunca he dicho que no. No veo por qué…

INSPECTOR. *(Interrumpiéndole.)* Olvídense de eso. Ya lo arreglarán después entre ustedes. *(Dirigiéndose a* SHEILA.*)* ¿Qué sucedió?

SHEILA. Entré en la tienda para probarme algo. Era idea mía…, mi madre opinó que no me sentaría bien y la dependienta le dio la razón, pero yo insistí. Tan pronto como me lo probé, supe que estaban en lo cierto. Me sentaba fatal. Tenía un aspecto ridículo con aquella cosa. Esa chica había traído el vestido del taller y, cuando la dependienta, la señorita Francis, le preguntó algo acerca del modelo, la chica, para darnos a entender lo que quería decir, se puso el vestido por encima. A ella le sentaba a la perfección. Tenía el tipo adecuado para aquel vestido, y yo no. Era, además, una chica muy bonita, con grandes ojos oscuros, y eso no hizo más que empeorar las cosas. Bueno, pues mientras me miraba al espejo, comprendiendo por fin que me había equivocado, me fijé en que esa chica sonreía a la señorita Francis como diciéndole: «¿No está hecha un adefesio?», y me enfadé muchísimo. Estuve muy grosera con las dos y luego fui a ver al gerente y le dije que la chica se había mostrado muy impertinente y…, y… *(Casi pierde el control, pero consigue dominarse.)* ¿Cómo iba yo a saber lo que pasaría después? Si hubiera sido una pobre desgraciada sin el menor atractivo, supongo que no habría hecho nada. Pero era muy guapa y parecía perfectamente capaz de cuidar de sí misma. No sentí ninguna lástima.

INSPECTOR. De hecho, en cierto modo, podría decirse que tuvo usted celos.

SHEILA. Sí, supongo que fue eso.

INSPECTOR. Así que utilizó el poder que tenía, como hija de una buena cliente y de un hombre muy conocido en la ciudad, para castigar a esa chica porque la hizo sentirse como se sintió.

SHEILA. Sí, pero entonces no me pareció que fuese una cosa tan terrible. ¿No lo entiende? Y si ahora pudiera ayudarla...

INSPECTOR. *(Con dureza.)* Sí, pero no puede. Es demasiado tarde. La chica ha muerto.

ERIC. Cielo santo, fuiste un poquito bárbara, si te pones a pensar en ello...

SHEILA. *(Acalorada.)* ¿Quieres callarte la boca, Eric? Lo sé, lo sé. Es la única vez que he hecho una cosa así, y nunca, pero nunca, se lo volveré a hacer a nadie. He notado que a veces en Milwards me miran de un modo peculiar..., esta misma tarde sin ir más lejos..., supongo que algunas se acuerdan. Tengo la impresión de que no podré volver nunca. ¿Por qué habrá tenido que suceder esto?

INSPECTOR. *(Con severidad.)* Eso era lo que yo me preguntaba hace poco, cuando contemplaba el cadáver. Y luego me he dicho: «Bien, vamos a tratar de entender por qué ha sucedido una cosa así». Y ese es el motivo de que esté aquí y el porqué de que quiera quedarme hasta que averigüe todo lo sucedido. Eva Smith perdió su empleo con Birling y Compañía porque la huelga fracasó y el señor Birling estaba decidido a impedir que se declarara otra huelga. Al cabo de dos meses ella encontró otro trabajo, ignoro con qué nombre, en una tienda elegante, y tuvo que dejarlo porque usted se enfadó consigo misma y se desahogó con ella. Después Eva Smith intentó algo distinto. Primero pasó a llamarse Daisy Renton...

GERALD. *(Sobresaltado.)* ¿Cómo?

INSPECTOR. *(Imperturbable.)* He dicho que pasó a llamarse Daisy Renton.

GERALD. *(Serenándose.)* ¿Te importa que me sirva una copa, Sheila?

(SHEILA *se limita a hacer un gesto con la cabeza sin dejar de mirarlo, mientras él se dirige a la vitrina de las bebidas situada sobre el aparador para servirse un whisky.*)

INSPECTOR. ¿Dónde está su padre, señorita Birling?

SHEILA. Se ha ido al salón para contarle a mi madre lo que está pasando aquí. Eric, acompaña al inspector al salón. (*Mientras* ERIC *se pone en movimiento, el* INSPECTOR *mira primero a* SHEILA *y luego a* GERALD; *finalmente sale con* ERIC.) ¿No tienes nada que decirme, Gerald?

GERALD. (*Tratando de sonreír.*) ¿Qué quieres que te diga?

SHEILA. ¿Cómo conociste a esa chica, a esa Eva Smith?

GERALD. No la conocí.

SHEILA. Daisy Renton, entonces…, es lo mismo.

GERALD. ¿Por qué tendría que haberla conocido?

SHEILA. No seas estúpido. No tenemos mucho tiempo. Te has puesto en evidencia en cuanto el inspector ha mencionado ese otro nombre.

GERALD. De acuerdo. La conocí. Dejémoslo en eso.

SHEILA. No podemos dejarlo.

GERALD. (*Acercándosele.*) Escucha, cariño…

SHEILA. No. Tú eres el que me vas a escuchar. No solo la conociste, sino que la conociste muy bien. De lo contrario no te sentirías tan culpable. ¿Cómo la conociste? (GERALD *no contesta.*) ¿Fue después de que se marchara de Milwards? ¿Cuando se cambió de nombre, como ha dicho él, y empezó a llevar una vida diferente? ¿Te estuviste viendo con ella durante la primavera y el verano pasados, en la época en que apenas supe de ti y siempre decías que estabas muy ocupado? ¿Fue entonces? (GERALD *no responde pero se la queda mirando.*) Sí, claro que fue entonces.

GERALD. Lo siento, Sheila. Todo terminó el verano pasado. Hace por lo menos seis meses que no he vuelto a saber de ella. No tengo nada que ver con esta historia del suicidio.

SHEILA. Eso mismo pensaba yo hace media hora.

GERALD. Tú tampoco tienes nada que ver. Ninguno de nosotros. De manera que, por el amor de Dios, no le digas nada al inspector.

SHEILA. ¿Sobre esa chica y tú?

GERALD. Sí. Podemos evitar que se entere.

SHEILA. *(Ríe de manera bastante histérica.)* Pareces tonto. ¿No te das cuenta de que ya lo sabe? Y me da escalofríos pensar en lo mucho que ya sabe y que nosotros ignoramos aún. Ya verás, ya.

> *(Lo mira casi con expresión triunfal. GERALD da la sensación de estar hundido. La puerta se abre lentamente y aparece el INSPECTOR, mirándolos calmosa e inquisitivamente.)*

INSPECTOR. ¿Y bien?

TELÓN

FIN DEL PRIMER ACTO

ACTO SEGUNDO

Al levantarse el telón la escena y la situación son exactamente las mismas que al final del primer acto. El INSPECTOR se queda unos instantes parado, mirando a SHEILA y a GERALD. Luego se adelanta hacia el proscenio, dejando la puerta abierta.

INSPECTOR. *(A GERALD.)* ¿Y bien?

SHEILA. *(Riendo histéricamente, se dirige a GERALD.)* ¿Ves? ¿Qué te había dicho?

INSPECTOR. ¿Qué le había dicho?

GERALD. *(Con dificultad.)* Inspector, creo que no es necesario que la señorita Birling siga aquí. No tiene nada más que contarle y el día ha sido largo, emocionante y fatigoso…, estábamos celebrando nuestro compromiso, como ya sabe…, y, a estas alturas, está claro que ya ha tenido más que suficiente. Ya la ha oído usted.

SHEILA. Quiere decir que me estoy poniendo histérica.

INSPECTOR. ¿Se está usted poniendo histérica?

SHEILA. Probablemente.

INSPECTOR. Bien, no hace falta que siga aquí. No tengo que hacerle más preguntas.

SHEILA. A mí, no. Pero con los demás no ha terminado, ¿verdad?

INSPECTOR. No, no he terminado.

SHEILA. *(A GERALD.)* ¿Lo ves? *(Al INSPECTOR.)* En ese caso me quedo.

GERALD. ¿Para qué te vas a quedar? Te aseguro que será desagradable y molesto.

INSPECTOR. Y usted cree que se debe proteger a las jóvenes de las cosas desagradables y molestas, ¿no es así?

GERALD. Si es posible, sí.

INSPECTOR. Bien, sabemos de una joven con la que no se tomaron esas precauciones, ¿recuerda?

GERALD. Supongo que me he merecido su reproche.

SHEILA. Pues ten cuidado, no vayas a merecerte aún más, Gerald.

GERALD. Solo te quería decir que para qué quieres quedarte si sabes que vas a lamentarlo.

SHEILA. No puede ser peor que antes. Y hasta quizá sea mejor.

GERALD. *(Con amargura.)* Comprendo.

SHEILA. ¿Qué es lo que comprendes?

GERALD. Que tú ya has pasado por ese mal trago y ahora quieres ver sufrir a otro.

SHEILA. *(Con amargura.)* De manera que es eso lo que piensas de mí. Me alegro de haberme dado cuenta a tiempo, Gerald.

GERALD. No, no; no he querido decir…

SHEILA. *(Interrumpiéndole.)* Sí, sí has querido decirlo. Y si de verdad me quisieras, no podrías haber dicho eso. Has oído esa agradable historia acerca de mí. Hice que echaran a esa chica de Milwards. Y has decidido que soy una criatura egoísta y vengativa.

GERALD. No he dicho ni sugerido nada semejante.

SHEILA. Entonces, ¿por qué dices que quiero ver sufrir a otro? No se trata de eso ni mucho menos.

GERALD. Está bien; siento haberlo dicho.

SHEILA. Sí, pero no me crees. Y este es el peor momento para no creer en mí.

INSPECTOR. *(Tomando las riendas con autoridad.)* Permítame, señorita Birling. *(Dirigiéndose a* GERALD.*)* Le puedo explicar por qué la señorita Birling quiere quedarse y por qué dice que quizá sea mejor. Esta noche ha muerto una muchacha. Una chica bonita y alegre que nunca había hecho daño a nadie. Pero ha muerto entre atroces sufrimientos, aborreciendo la vida…

SHEILA. *(Angustiada.)* No, por favor…, lo sé, lo sé muy bien, y no puedo dejar de pensar en ello…

INSPECTOR. *(Haciendo caso omiso.)* La señorita Birling acaba de percatarse de lo que le hizo a esa muchacha. Se siente responsable. Y si ahora se marcha y no se entera de nada más, creerá que la culpa es toda suya, se quedará sola con su responsabilidad durante el resto de la noche, y también mañana y la noche siguiente…

SHEILA. *(Con vehemencia.)* Sí, eso es. Sé que soy culpable…, y lo siento con toda el alma…, pero no puedo creer…, no quiero creer…, que al final se haya suicidado únicamente por culpa mía. Eso sería demasiado horrible…

INSPECTOR. *(Con severidad a los dos.)* Como ven, tenemos que compartir algo. Y si no nos queda otra cosa, tendremos que compartir nuestra culpa.

SHEILA. *(Mirándolo fijamente.)* Sí. Eso es cierto. Usted lo sabe. *(Se le acerca, asombrada.)* No acabo de entenderle.

INSPECTOR. *(Sin perder la calma.)* No tiene nada de extraño.

> *(La contempla tranquilo mientras ella lo mira asombrada y dubitativa. A continuación entra la* SRA. BIRLING, *con paso decidido y segura de sí misma, totalmente ajena a la breve escena que acaba de tener lugar.* SHEILA *lo advierte de inmediato.)*

SRA. BIRLING. *(Sonriente, amistosa.)* Buenas noches, inspector.

INSPECTOR. Buenas noches, señora.

SRA. BIRLING. *(Con el mismo tono cordial.)* Soy la señora Birling, como ya sabe. Mi marido me ha explicado por qué está usted aquí y, aunque contestaremos con mucho gusto a sus preguntas, me parece que no podremos serle de mucha ayuda.

SHEILA. ¡No, mamá, por favor!

SRA. BIRLING. *(Sorprendiéndose de manera un tanto teatral.)* ¿Qué sucede, Sheila?

SHEILA. *(Indecisa.)* Sé que parece una tontería…

SRA. BIRLING. ¿El qué?

SHEILA. Verás, tengo la impresión de que no has podido empezar peor. Y temo que puedas decir o hacer algo de lo que tengas que arrepentirte luego.

SRA. BIRLING. No sé de qué me estás hablando, hija mía.

SHEILA. Todos hemos empezado así…, muy confiados, muy satisfechos de nosotros mismos hasta que el inspector ha iniciado las preguntas.

> *(La* SRA. BIRLING *mira primero a* SHEILA *y después al* INSPECTOR.*)*

SRA. BIRLING. Al parecer le ha causado usted una gran impresión a esta chiquilla, inspector.

INSPECTOR. *(Fríamente.)* Sucede muchas veces con los jóvenes. Son más impresionables.

> *(La* SRA. BIRLING *y él se contemplan un momento. Luego la* SRA. BIRLING *se vuelve hacia* SHEILA.*)*

SRA. BIRLING. Pareces cansada, cariño. Creo que deberías acostarte…, y olvidar esta historia absurda. Mañana te sentirás mejor.

SHEILA. No me puedo ir, mamá. Eso sería lo peor. Ya está decidido. Voy a quedarme hasta que sepa por qué se ha suicidado esa muchacha.

SRA. BIRLING. Eso no es más que curiosidad morbosa.

SHEILA. No; no lo es.

SRA. BIRLING. Haz el favor de no contradecirme. Y, de todos modos, no creo ni por un momento que podamos entender por qué se ha suicidado esa chica. Las de su clase…

SHEILA. (Interrumpiéndola, porfiada.)[1] No, mamá, por favor. Por tu propio bien, y también por el nuestro, no debes…

SRA. BIRLING. (Molesta.) No debo…, ¿qué? ¡Vamos, Sheila!

SHEILA. (Despacio, pensando lo que dice.) No debes tratar de construir una especie de barrera entre esa chica y nosotros. Si lo haces, ya se encargará el inspector de derribarla. Y todo será peor cuando lo haga.

SRA. BIRLING. No te entiendo. (Al INSPECTOR.) ¿Usted la entiende?

INSPECTOR. Sí, y tiene razón.

SRA. BIRLING. (Altiva.) ¿Cómo?

INSPECTOR. (Con mucha sencillez.) He dicho que sí, que yo la entiendo. Y que tiene razón.

SRA. BIRLING. Eso…, en mi opinión…, es un tanto impertinente, inspector. (SHEILA deja escapar una breve risa histérica.) ¿Se puede saber qué te sucede, Sheila?

SHEILA. No lo sé. Quizá sea que «impertinente» es una palabra muy absurda.

SRA. BIRLING. De todos modos…

SHEILA. Mamá, por favor, déjalo antes de que sea demasiado tarde.

---

1 *porfiada*: insistente.

SRA. BIRLING. Si quieres decir que el inspector podría ofenderse...

INSPECTOR. *(Interrumpiéndola con mucha calma.)* No, no. Yo no me ofendo nunca.

SRA. BIRLING. Me alegro de oírlo. Aunque debo añadir que, en mi opinión, somos nosotros los que tenemos más motivos para ofendernos.

INSPECTOR. Vamos a dejar de lado las ofensas, ¿no le parece?

GERALD. Creo que será lo mejor.

SHEILA. Opino lo mismo.

SRA. BIRLING. *(Reprendiéndoles.)* Soy yo quien está hablando con el inspector, si no os importa. *(Al INSPECTOR, dándose bastante importancia.)* No se me oculta que quizá tiene usted que realizar una investigación, pero debo decir que, hasta ahora, me parece que la lleva a cabo de un modo bastante peculiar y ofensivo. Sin duda no ignora que mi marido era alcalde hace tan solo dos años y que sigue siendo magistrado...

GERALD. *(Interrumpiéndola, con bastante impaciencia.)* Señora Birling, el inspector sabe todo eso. Y no me parece que sea una buena idea recordarle...

SHEILA. *(Interrumpiéndole a su vez.)* Es un disparate. Déjalo, mamá, hazme el favor.

INSPECTOR. *(Imperturbable.)* Sí. Por cierto, ¿dónde está el señor Birling?

SRA. BIRLING. Volverá dentro de un momento. Está hablando con mi hijo, Eric, que parece absurdamente excitado.

INSPECTOR. ¿Qué le sucede?

SRA. BIRLING. ¿A Eric? Oh..., me parece que quizás haya bebido un poco más de la cuenta. Hemos estado celebrando...

INSPECTOR. *(Interrumpiéndola.)* ¿No está acostumbrado a beber?

SRA. BIRLING. No, por supuesto que no. No es más que un niño.

INSPECTOR. No; es un joven, y algunos jóvenes beben demasiado.

SHEILA. Eric es uno de esos.

SRA. BIRLING. *(Con tono muy cortante.)* ¡Sheila!

SHEILA. *(Porfiada.)* No quiero complicarle la vida al pobre Eric. Probablemente ya se la complica él más de lo necesario. Pero tenemos que dejarnos de estúpidos fingimientos. No sirve de nada decir que Eric no bebe. Lleva dos años bebiendo más de la cuenta.

SRA. BIRLING. *(Titubeante.)* No es cierto. Tú lo conoces, Gerald…, y eres hombre…, tienes que saber que no es verdad.

INSPECTOR. *(Mientras GERALD vacila.)* ¿Y usted qué opina, señor Croft?

GERALD. *(Disculpándose, a la SRA. BIRLING.)* Me parece que es verdad. No lo veo mucho fuera de esta casa, pero…, bueno…, he oído decir que bebe demasiado.

SRA. BIRLING. *(Con amargura.)* Y este es el momento que eliges para decírmelo.

SHEILA. Sí, claro que es verdad. A eso me refería cuando he dicho que no merece la pena levantar un muro que no tardará en ser derribado. Hace que sea más difícil soportarlo todo.

SRA. BIRLING. Pero eres tú…, no es el inspector…, quien lo está haciendo…

SHEILA. Sí, pero ¿no lo entiendes? Todavía no ha empezado contigo.

SRA. BIRLING. *(Después de una pausa, reponiéndose.)* Si es necesario contestaré gustosamente a cualquier pregunta que el inspector quiera hacerme. Aunque, a decir verdad, no sé nada de esa muchacha.

INSPECTOR. *(Circunspecto.)* Ya veremos, señora Birling.

(Entra BIRLING, *que cierra la puerta.)*

BIRLING. *(Bastante acalorado, molesto.)* He intentado convencer a Eric para que se vaya a la cama, pero no quiere. Ahora dice que usted le ha dicho que se quede. ¿Es cierto?

INSPECTOR. Se lo he dicho, sí.

BIRLING. ¿Por qué?

INSPECTOR. Porque quiero hablar con él, señor Birling.

BIRLING. No veo el motivo, pero si no hay más remedio, le sugiero que sea ahora. Hágalo venir, pregúntele lo que quiera y deje que se marche.

INSPECTOR. No; todavía no. Lo siento, pero va a tener que esperar.

BIRLING. Mire, inspector…

INSPECTOR. *(Interrumpiéndole con autoridad.)* Esperará su turno.

SHEILA. *(A la* SRA. BIRLING.*)* ¿Lo ves?

SRA. BIRLING. No, no veo nada. Y hazme el favor de callarte, Sheila.

BIRLING. *(Con enojo.)* Inspector, ya se lo he dicho antes. No me gusta su tono ni su manera de llevar esta investigación. Y no tengo intención de darle mucha más cuerda.

INSPECTOR. No necesita darme ninguna cuerda.

SHEILA. *(Riendo un poco desenfrenadamente.)* No; la cuerda nos la da él…, pero para que nos ahorquemos.

BIRLING. *(A la* SRA. BIRLING.*)* ¿Qué le pasa a esa hija tuya?

SRA. BIRLING. Está muy excitada. Y se niega a retirarse. *(Con cólera repentina, al* INSPECTOR.*)* Bien, empecemos, ¿qué es lo que quiere saber?

INSPECTOR. *(Fríamente.)* El año pasado, a finales de enero, esa muchacha, Eva Smith, tuvo que dejar Milwards porque la señorita Birling obligó a la dirección a ponerla en la calle.

Entonces dejó de ser la Eva Smith que buscaba empleo para convertirse en Daisy Renton, pero con otras ideas en la cabeza. *(Volviéndose bruscamente hacia* GERALD.*)* Señor Croft, ¿cuándo la conoció usted?

> *(Una exclamación de sorpresa escapa de los labios de* BIRLING *y de la* SRA. BIRLING.*)*

GERALD. ¿De dónde ha sacado la idea de que yo la conocía?

SHEILA. No te molestes, Gerald. Estás perdiendo el tiempo.

INSPECTOR. Al mencionar yo el nombre de Daisy Renton quedó perfectamente claro, por su reacción, que la conocía. Se descubrió usted al instante.

SHEILA. *(Con amargura.)* Por supuesto que sí.

INSPECTOR. Y, de todos modos, yo ya lo sabía. ¿Cuándo y dónde la conoció?

GERALD. Está bien, ya que no queda otro remedio… La conocí en marzo del año pasado, en el bar del Palace. Me refiero al teatro de variedades de aquí en Brumley…

SHEILA. Sí, ya nos imaginábamos que no te referías a Buckingham Palace.[1]

GERALD. *(A* SHEILA.*)* Gracias. Ya veo que me vas a ser de gran ayuda. Tú has hecho ya tu aportación, y es evidente que no te va a gustar nada lo que cuente. ¿Por qué demonios no nos dejas a solas y te lo evitas?

SHEILA. Ni por todo el oro del mundo. Quiero saber qué sucede exactamente cuando un hombre dice que está tan ocupado en su fábrica que nunca encuentra tiempo para venir a ver a la chica de la que en teoría está enamorado. No me lo perdería…

---

1 Entre los diversos espectáculos que se ofrecen en los teatros de variedades, suele haber danzas en las que bailan conocidas *vedettes*. Buckingham Palace, como se sabe, es la residencia oficial de la Corona inglesa desde 1837.

INSPECTOR. *(Con autoridad.)* Muy bien, señor Croft; en el bar del teatro de variedades...

GERALD. Una noche, después de un día más bien largo y aburrido se me ocurrió echar una ojeada y, como el espectáculo no era nada del otro mundo, bajé al bar para tomarme una copa. Es un lugar que frecuentan mucho las mujeres de la vida...

SRA. BIRLING. ¿Las mujeres de la vida?

BIRLING. Sí, sí. Pero no veo la necesidad de mencionar ese tema..., especialmente... *(Señala a* SHEILA.*)*

SRA. BIRLING. Sería mejor que Sheila no tuviera que escuchar esta historia.

SHEILA. Pero olvidas que se supone que soy la prometida del protagonista. Sigue, Gerald. Bajaste al bar, que es un lugar que frecuentan mucho las mujeres de la vida...

GERALD. Me alegro de que te lo estés pasando tan bien...

INSPECTOR. *(Cortante.)* Vamos, señor Croft. ¿Qué sucedió?

GERALD. No tenía intención de quedarme mucho tiempo. Aborrezco a esas mujeres de mirada dura y cara de máscara. Pero entonces me fijé en una muchacha completamente distinta. Era muy bonita..., pelo castaño suave y grandes ojos oscuros... *(Se detiene bruscamente.)* ¡Dios mío!

INSPECTOR. ¿Qué sucede?

GERALD. *(Angustiado.)* Lo siento..., me..., de pronto me he dado cuenta..., he comprendido con claridad..., que está muerta...

INSPECTOR. *(Con aspereza.)* Sí, está muerta.

SHEILA. Y probablemente la hemos matado entre todos.

SRA. BIRLING. *(Cortante.)* No digas tonterías, Sheila.

SHEILA. Espera y verás, mamá.

INSPECTOR. *(A* GERALD.*)* Siga.

GERALD. Parecía joven y sana y encantadora y completamente fuera de lugar en aquel sitio. Y estaba muy claro que no se divertía. El viejo Joe Meggarty, medio borracho y con los ojos fuera de las órbitas, la había arrinconado con ese corpachón suyo tan gordo y tan obsceno…

SRA. BIRLING. *(Interviniendo.)* No hay ninguna necesidad de entrar en detalles desagradables. Y sin duda no es posible que te refieras a Meggarty, el concejal.

GERALD. Claro que hablo de él. Todo el mundo sabe que es un mujeriego, además de uno de los borrachos y sinvergüenzas de peor calaña de Brumley…

INSPECTOR. Efectivamente.

SRA. BIRLING. *(Desconcertada.)* ¡Vaya! ¡Meggarty, el concejal! Pues es verdad que estamos aprendiendo algo esta noche…

SHEILA. *(Con frialdad.)* Claro que sí. Pero todo el mundo sabe cómo se las gasta ese viejo repugnante. Una chica que yo conozco tuvo que ir a verlo una tarde al ayuntamiento y, afortunadamente, solo le costó una blusa desgarrada…

BIRLING. *(Cortante, escandalizado.)* ¡Sheila!

INSPECTOR. *(A GERALD.)* Siga, por favor.

GERALD. La chica se dio cuenta de que la había visto y me lanzó una mirada que no era más que un grito de ayuda. De manera que me acerqué y le dije a Joe Meggarty alguna tontería…, que el gerente tenía un recado para él o algo parecido…, me lo quité de en medio… Luego le dije a la chica que me dejara sacarla de allí si no quería ser importunada de nuevo. Aceptó al instante.

INSPECTOR. ¿Adónde fueron?

GERALD. Seguimos hasta el hotel County; sé que es un sitio tranquilo a esas horas de la noche. Bebimos una o dos copas y hablamos.

INSPECTOR. ¿Bebió mucho Daisy aquella vez?

GERALD. No. Solo tomó un oporto con limonada…, o alguna mezcla parecida. Todo lo que quería era hablar…, un poco de comprensión…, creo que las insinuaciones de Joe Meggarty la habían deprimido bastante…, cosa bastante comprensible…

INSPECTOR. ¿Habló de sí misma?

GERALD. Sí. Le hice algunas preguntas. Me contó que se llamaba Daisy Renton, que era huérfana de padre y madre, y que no había nacido en Brumley. También me contó que había trabajado en una de las fábricas de aquí, pero que tuvo que marcharse a raíz de una huelga. Y dijo algo de una tienda, pero sin dar nombres, y mostrándose deliberadamente poco precisa sobre lo sucedido. No conseguí detalles exactos sobre su vida pasada. Quería hablar de sí misma…, porque notaba mi interés y mi buena disposición…, pero al mismo tiempo quería ser Daisy Renton, y no Eva Smith. A decir verdad, ese nombre lo he oído por primera vez esta noche. Lo que sí dejó traslucir, aunque no tenía intención de hacerlo, fue que estaba muy mal de dinero y que pasaba hambre. Hice que la gente del County le trajera algo de comer.

INSPECTOR. Y entonces decidió mantenerla…, ¿en calidad de amante?

SRA. BIRLING. ¿Cómo?

SHEILA. Por supuesto, mamá. Era evidente desde el principio. Sigue adelante, Gerald. No hagas caso de mi madre.

GERALD. (*Sereno.*) Descubrí, no aquella noche sino dos noches después, cuando nos vimos de nuevo, esta vez no de manera fortuita, por supuesto, que no tenía literalmente un céntimo y que iban a echarla del miserable cuartucho donde vivía. Sucedió que un amigo mío, Charlie Brunswick, se había ido seis meses al Canadá y me había dejado la llave de un agradable apartamentito en la calle Morgan, con el encargo de vigilarlo un poco y el permiso para utilizarlo si me apetecía. De manera que le insistí a Daisy para que se mudara y le di algo de dinero para que pudiera defenderse allí. *(Cuidadosamente, al* INSPECTOR.*)* Quiero que entienda que no la instalé allí para hacerle el amor. La llevé a aquel piso porque me daba pena, y no me agradaba la idea de que tuviera que volver al bar del Palace. No le pedí nada a cambio.

INSPECTOR. Entiendo.

SHEILA. Sí, pero ¿por qué se lo dices a él? Deberías decírmelo a mí.

GERALD. Supongo que sí. Lo siento, Sheila. Pero hay algo en él que me…

SHEILA. *(Interviniendo, al verlo vacilar.)* Sí, ya sé. Hay algo en él que te obliga a hacerlo.

INSPECTOR. ¿Pero llegó a ser su amante?

GERALD. Sí. Supongo que era inevitable. Una chica joven, bonita y afectuosa…, que me estaba muy agradecida. Me convertí de inmediato en la persona más importante de su vida…, ¿entiende?

INSPECTOR. Sí. Era mujer. Estaba sola. ¿Se enamoró usted de ella?

SHEILA. ¡Justo lo mismo que yo iba a preguntar!

BIRLING. *(Enojado.)* He de protestar…

INSPECTOR. *(Volviéndose bruscamente hacia él.)* ¿Por qué tendría que hacerlo? Recuerde que fue usted quien lo provocó todo al echar a esa chica a la calle.

BIRLING. *(Bastante sorprendido.)* Solo hice lo que hubiera hecho cualquier hombre de empresa. Y lo que iba a decir era que protesto por la manera en que mi hija, una joven soltera, se ha visto arrastrada a…

INSPECTOR. *(Cortante.)* Su hija no vive en la luna, sino aquí, en Brumley, como todos nosotros.

SHEILA. Además fui yo quien hizo que perdiera su empleo en Milwards. Y se supone que estoy prometida con Gerald. No soy una niña, no lo olvides. Tengo derecho a saber lo que sucedió. ¿Te enamoraste de ella, Gerald?

GERALD. *(Dubitativo.)* Es difícil decirlo. Yo no sentía por ella lo que ella sentía por mí.

SHEILA. *(Con marcado sarcasmo.)* Por supuesto que no. Tú eras el maravilloso Príncipe Azul. Debe de haberte halagado muchísimo, Gerald.

GERALD. De acuerdo…, me gustó durante algún tiempo. Le hubiera sucedido casi a cualquiera.

SHEILA. Eso es probablemente lo mejor que has dicho en toda la noche. Por lo menos es honesto. ¿Ibas a verla todas las noches?

GERALD. No. No mentía del todo cuando te decía por entonces que estábamos muy ocupados en la fábrica. Era verdad que teníamos mucho trabajo. Pero, por supuesto, la veía bastante.

SRA. BIRLING. No creo que nos interese conocer más detalles sobre este asunto tan repugnante…

SHEILA. *(Interrumpiéndola.)* A mí, sí. Y, en cualquier caso, aún no nos ha aportado ningún detalle.

GERALD. Y no los vas a tener. *(A la SRA. BIRLING.)* Aquello no fue repugnante, ¿sabe?

SRA. BIRLING. A mí me parece repugnante.

SHEILA. Sí, pero, después de todo, a ti no te afecta para nada.

GERALD. ¿Hay algo más que quiera saber…, que necesite saber?

INSPECTOR. Sí. ¿Cuándo terminó esa relación?

GERALD. Se lo puedo decir con toda exactitud. Fue en la primera semana de septiembre. Tuve que ausentarme durante varias semanas por cuestión de negocios, y para entonces Daisy sabía que lo nuestro se estaba acabando. De manera que rompí con ella definitivamente antes de marcharme.

INSPECTOR. ¿Y cómo se lo tomó ella?

GERALD. Mejor de lo que yo esperaba. Con mucho valor.

SHEILA. *(Con ironía.)* Eso te vino muy bien.

GERALD. No, no es cierto. *(Espera un momento y luego prosigue en voz baja, pesarosa.)* Me dijo que nunca había sido tan feliz…, pero que se daba cuenta de que no podía durar…, que no contaba con que durase. No me culpó de nada. Ahora…, ¡por Dios que me gustaría que lo hubiera hecho! Quizás me sentiría mejor.

INSPECTOR. ¿Tuvo que dejar el apartamento?

GERALD. Sí, ya lo habíamos hablado. Del dinero que yo le pasaba ahorró algo durante el verano viviendo muy económicamente… No quería aceptar nada más, pero insistí en un regalo de despedida; dinero suficiente, sin ser una gran cantidad, para mantenerse hasta que acabara el año.

INSPECTOR. ¿Le explicó ella lo que se proponía hacer después?

GERALD. No quiso hablar de eso. Deduje, por lo que dijo en una o dos ocasiones, que pensaba marcharse de Brumley. No sé si lo hizo o no. ¿Lo sabe usted?

INSPECTOR. Sí. Estuvo fuera unos dos meses. Se marchó a algún sitio junto al mar.

GERALD. ¿Con alguien?

INSPECTOR. No. Creo que lo hizo para estar sola, tranquila, para recordar todo lo que había sucedido entre ustedes.

GERALD. ¿Cómo lo sabe?

INSPECTOR. Llevaba una especie de diario. Y allí dejó escrito que quería marcharse y estar tranquila y recordar «para conseguir que durase un poco más». Tenía el convencimiento de que nunca volvería a sucederle nada parecido, así que debía conseguir que durase más.

GERALD. *(Con gesto grave.)* Entiendo. Bien, el caso es que no he vuelto a verla nunca, y eso es todo lo que puedo decirle.

INSPECTOR. Eso es todo lo que quería saber.

GERALD. En ese caso…, como este asunto me ha afectado… más de lo que probablemente pudiera parecer a primera vista y…, bueno, me gustaría estar solo durante un rato…, le estaría muy agradecido si me permitiera marcharme.

INSPECTOR. ¿Marcharse adónde? ¿A su casa?

GERALD. No. Tan solo salir…, pasear… durante un rato, si no le importa. Volveré.

INSPECTOR. De acuerdo, señor Croft.

SHEILA. Pero, por si acaso te olvidaras…, o decidieras no volver, Gerald, creo que será mejor que te lleves esto. *(Le entrega el anillo de compromiso.)*

GERALD. Entiendo. La verdad es que lo estaba esperando.

SHEILA. No me desagradas tanto como hace media hora, Gerald. Por alguna extraña razón, creo que te respeto ahora más de lo que te he respetado nunca. Sabía, de todos modos, que me habías mentido acerca de aquellos meses del año pasado en los que apenas te vi. Sabía que hubo algo turbio relacionado con esa época. Ahora, al menos, has sido sincero. Y creo lo que has dicho sobre los motivos por los que la ayudaste al principio. Movido por compasión. Y fui yo quien tuvo la culpa de que ella estuviese tan desesperada cuando la conociste. Pero todo esto ha hecho que las cosas cambien. Ya no somos las mismas personas que hace un rato se han sentado aquí a cenar. Tendremos que empezar desde el principio, aprender a conocernos…

BIRLING. No creas que lo estoy defendiendo, Sheila, pero debes entender que muchos jóvenes…

SHEILA. Por favor, papá, no te metas en esto. Gerald sabe de qué estoy hablando, y tú, al parecer, no.

GERALD. Sí. Sé lo que quieres decir. Pero ahora quiero salir un momento y no tardo en volver, si no hay objeciones.

SHEILA. De acuerdo.

SRA. BIRLING. Bien, no sé qué decir, pero creo que estamos llegando al final de este asunto tan lamentable…

GERALD. Me parece que no. Discúlpenme.

(*Sale. Los demás lo ven marcharse en silencio. Oímos cerrarse de un portazo la puerta principal.*)

SHEILA. (*Al* INSPECTOR.) Ahora que lo pienso, no le ha enseñado usted a Gerald la fotografía de la chica.

INSPECTOR. No. No hacía falta. Y he pensado que era mejor así.

SRA. BIRLING. ¿Tiene usted una fotografía de esa chica?

INSPECTOR. Sí. Y creo que será mejor que se la enseñe.

SRA. BIRLING. No veo ninguna razón especial…

INSPECTOR. Quizá no. Pero no se pierde nada.

SRA. BIRLING. Muy bien.

(*El* INSPECTOR *saca la fotografía y ella la examina atentamente.*)

INSPECTOR. (*Guardando la fotografía.*) ¿La reconoce?

SRA. BIRLING. No. ¿Por qué tendría que reconocerla?

INSPECTOR. Claro está que puede haber cambiado últimamente, pero me cuesta trabajo creer que haya cambiado tanto.

SRA. BIRLING. No le entiendo, inspector.

INSPECTOR. Lo que usted quiere decir es que prefiere no entenderme.

SRA. BIRLING. (*Muy enojada.*) Quiero decir lo que digo.

INSPECTOR. No me dice la verdad.

SRA. BIRLING. ¡Cómo se atreve!

BIRLING. (*Muy enfadado, al* INSPECTOR.) Escúcheme bien, esto no voy a consentirlo. Discúlpese ahora mismo.

INSPECTOR. ¿Disculparme por qué? ¿Por cumplir con mi deber?

BIRLING. No, por hacerlo de una manera ofensiva. Soy un hombre público…

INSPECTOR. *(Con gran autoridad.)* Los hombres públicos, señor Birling, tienen responsabilidades además de privilegios.

BIRLING. Es posible. Pero a usted no le han dicho que viniera aquí para hablarme de mis responsabilidades.

SHEILA. Esperemos que no. Aunque empiezo a tener mis dudas.

SRA. BIRLING. ¿Qué es lo que quieres decir con eso, Sheila?

SHEILA. Quiero decir que carecemos de excusas para seguir dándonos tanta importancia y que, si tuviéramos un poco de sentido común, dejaríamos de hacerlo. Mi padre despidió a esa chica porque pidió un salario decente. Yo la empujé un poco más, hasta ponerla literalmente en la calle, porque estaba de mal humor y ella era bonita. Gerald la convirtió en su amante y luego la abandonó cuando le convino. Y ahora tú finges no reconocerla en esa fotografía. Es cierto que no se me alcanza por qué tendrías que hacerlo, pero estoy segura, por la cara que has puesto, de que la has reconocido. Y si estás mintiendo, ¿por qué tendría que disculparse el inspector? ¿Es que no os dais cuenta, los dos, de que solo estáis empeorando las cosas?

> *(Se vuelve. Oímos de nuevo el ruido de la puerta principal al cerrarse.)*

BIRLING. Otra vez la puerta.

SRA. BIRLING. Quizás sea Gerald que vuelve.

INSPECTOR. A no ser que su hijo acabe de marcharse.

BIRLING. Voy a ver.

> *(Sale deprisa. El* INSPECTOR *se vuelve hacia la* SRA. BIRLING.*)*

INSPECTOR. Señora Birling, ¿no es usted miembro, y miembro destacado, de la Organización Benéfica Femenina de Brumley?

(La SRA. BIRLING *no responde.)*

SHEILA. Vamos, mamá. Será mejor que lo reconozcas. *(Al* INSPECTOR.*)* Sí que lo es. ¿Por qué?

INSPECTOR. *(Tranquilamente.)* Se trata de una organización a la que mujeres en apuros pueden pedir ayuda de diversas maneras, ¿me equivoco?

SRA. BIRLING. *(Con dignidad.)* No se equivoca. Hemos hecho mucho para ayudar a las clases necesitadas.

INSPECTOR. Hace dos semanas, ¿no celebró una reunión el comité seleccionador?

SRA. BIRLING. Tal vez sí.

INSPECTOR. Sabe usted muy bien que sí. Se reunió bajo su presidencia, señora Birling.

SRA. BIRLING. Y aunque así fuera, ¿qué tiene eso que ver con usted?

INSPECTOR. *(Con severidad.)* ¿Quiere que se lo diga… sin rodeos?

(Entra BIRLING, *bastante agitado.)*

BIRLING. Debía de ser Eric.

SRA. BIRLING. *(Alarmada.)* ¿Has subido a su cuarto?

BIRLING. Sí. Y lo he llamado desde los dos descansillos. Tiene que haber sido Eric quien se ha marchado.

SRA. BIRLING. ¡Qué ocurrencia! ¿Adónde puede haber ido?

BIRLING. No sabría decirte. Pero estaba muy excitado y de un humor extraño, como le pasa a veces, y, aunque aquí no lo necesitamos…

INSPECTOR. *(Interrumpiéndole, cortante.)* Sí que lo necesitamos. Y si no vuelve pronto, tendré que salir a buscarlo.

> (BIRLING *y la* SRA. BIRLING *cruzan miradas de considerable desconcierto y aprensión.)*

SHEILA. Probablemente solo ha salido para tranquilizarse un poco. Volverá pronto.

INSPECTOR. *(Con tono grave.)* Eso espero.

SRA. BIRLING. Y, ¿por qué lo espera?

INSPECTOR. Se lo explicaré cuando haya usted respondido a mis preguntas, señora Birling.

BIRLING. ¿Hay alguna razón para que mi mujer tenga que responder a sus preguntas, inspector?

INSPECTOR. Sí, una excelente razón. Recordará usted que el señor Croft nos ha contado, y creo que es verdad, que no ha visto a Eva Smith ni ha hablado con ella desde septiembre pasado. La señora Birling, en cambio, la vio y habló con ella hace tan solo dos semanas.

SHEILA. *(Asombrada.)* ¡Mamá!

BIRLING. ¿Es eso cierto?

SRA. BIRLING. *(Después de una pausa.)* Sí, totalmente cierto.

INSPECTOR. ¿Fue a pedir ayuda a su organización?

SRA. BIRLING. Sí.

INSPECTOR. ¿No como Eva Smith?

SRA. BIRLING. No. Ni como Daisy Renton.

INSPECTOR. ¿Con qué nombre, entonces?

SRA. BIRLING. Primero se hizo llamar señora Birling.

BIRLING. *(Asombrado.)* ¡Señora Birling!

SRA. BIRLING. Sí, en mi opinión no fue más que una increíble demostración de impertinencia, totalmente deliberada, y, como es lógico, esa fue una de las cosas que me predispusieron en contra.

BIRLING. ¡Como no podía ser menos! ¡Vaya desvergüenza!

INSPECTOR. ¿Admite que estaba predispuesta en contra suya?

SRA. BIRLING. Sí.

SHEILA. Mamá, recuerda que acaba de morir de una manera espantosa.

SRA. BIRLING. Lo siento mucho. Pero creo que la culpa ha sido suya.

INSPECTOR. ¿Es cierto que se le denegó la ayuda porque usted se opuso, señora Birling, y era el miembro con más autoridad del comité?

SRA. BIRLING. Posiblemente.

INSPECTOR. ¿Fue o no fue usted quien se opuso?

SRA. BIRLING. *(Herida.)* Sí, fui yo. No me gustó su actitud. Utilizó nuestro apellido de la manera más impertinente, aunque luego se retractó, con la excusa de que fue el primero que se le pasó por la cabeza. Tuvo que admitir, después de que yo empezase a interrogarla, que no tenía derecho a utilizarlo, que no estaba casada, y que la primera historia que contó, sobre el marido que la había abandonado, era totalmente falsa. No me costó mucho sacarle la verdad, o parte de la verdad.

INSPECTOR. ¿Por qué quería que se la ayudara?

SRA. BIRLING. Sabe usted muy bien por qué quería ayuda.

INSPECTOR. No, no lo sé. Sé por qué necesitaba ayuda. Pero como no estaba allí, no sé lo que le pidió a su comité.

SRA. BIRLING. No creo que sea necesario hablar de ello.

INSPECTOR. Sabe perfectamente que no tiene la menor esperanza de no hablar de ello, señora Birling.

SRA. BIRLING. Si cree que puede presionarme, inspector, está completamente equivocado. A diferencia de las otras tres personas a las que ya ha interrogado, no hice nada de lo que tenga que avergonzarme ni que necesite ocultar. La chica pidió ayuda. A nuestro comité se le pide que examine cuidadosamente las solicitudes que se nos presentan. No me satisfizo la de esa muchacha porque no me pareció un caso convincente, y utilicé mi influencia para que se le denegara la ayuda. Y, pese a lo que le ha sucedido después, creo que cumplí con mi deber. De manera que si decido no seguir hablando de ello no tiene usted poder para hacerme cambiar de opinión.

INSPECTOR. Sí que lo tengo.

SRA. BIRLING. No; no lo tiene. Porque, sencillamente, no hice nada malo…, y usted lo sabe.

INSPECTOR. *(Muy pausadamente.)* Pues yo creo que obró usted terriblemente mal y que pasará el resto de su vida lamentándolo. Ojalá hubiera estado conmigo hace unas horas en el hospital. Habría visto…

SHEILA. *(Estalla sin poder evitarlo.)* ¡No, no, por favor! Otra vez, no. Ya me lo he imaginado bastantes veces.

INSPECTOR. *(Muy pausadamente.)* Entonces, la próxima vez que se lo imagine, recuerde que esa muchacha iba a tener un hijo.

SHEILA. *(Aterrada.)* ¡Qué horror! ¿Por qué habrá querido quitarse la vida?

INSPECTOR. Porque la habían echado de demasiados sitios y la habían rechazado demasiadas veces. Esto ha sido el final.

SHEILA. Mamá, tú seguro que lo sabías.

INSPECTOR. Solicitó ayuda del comité presidido por su madre porque iba a tener un hijo.

BIRLING. No irá usted a decir que Gerald Croft…

INSPECTOR. *(Interrumpiéndole, cortante.)* No, no. Esto no tiene nada que ver con él.

SHEILA. ¡Gracias a Dios! Aunque no sé por qué tendría que importarme ahora.

INSPECTOR. *(A la* SRA. BIRLING.*)* Entonces, ¿no tiene nada más que decirme?

SRA. BIRLING. Le diré a usted lo que le dije a ella. Vaya y busque al padre del niño. La responsabilidad es suya.

INSPECTOR. Eso no disminuye en nada la de usted. La muchacha acudió a usted en busca de ayuda, en un momento en que ninguna mujer podía necesitarla más. Y usted no solo se la negó sino que se ocupó de que los demás se la negaran. Estaba sola, sin amigos, prácticamente sin un céntimo, desesperada. No necesitaba solo dinero, sino consejos, simpatía, amabilidad. Usted ha tenido hijos. Tiene que haber sabido lo que sentía. Y le dio con la puerta en las narices.

SHEILA. *(Conmovida.)* Mamá, creo que fue una crueldad y una vileza.

BIRLING. *(Dubitativo.)* Permíteme que te diga, Sybil, que cuando esto aparezca en el informe, no nos beneficiará mucho. La prensa podría fácilmente…

SRA. BIRLING. *(Agitada ya.)* Ya está bien, a los dos os lo digo. Y hacedme el favor de recordar, antes de empezar a acusarme de nuevo, que no fui yo quien la dejó sin empleo…, y que eso fue probablemente el principio de todo. *(Volviéndose hacia el* INSPECTOR.*)* Dadas las circunstancias creo que lo que hice estuvo justificado. La chica había empezado por contarnos una sarta de mentiras. Después, cuando le saqué la verdad, descubrí que sabía perfectamente quién era el padre, de manera que le insistí en que era asunto suyo hacer que se responsabilizara. Si el padre se negaba a casarse, aunque en mi opinión habría que obligarlo, debía al menos mantenerla.

INSPECTOR. ¿Y qué respondió ella?

SRA. BIRLING. ¡No dijo más que tonterías!

INSPECTOR. ¿Qué fue lo que dijo?

SRA. BIRLING. Fuera lo que fuese, sé que consiguió agotarme definitivamente la paciencia. Se daba una importancia ridícula. Pretendía tener unos sentimientos sumamente delicados y sutiles y unos escrúpulos totalmente absurdos para una mujer de su posición.

INSPECTOR. *(Con gran severidad.)* Ahora su posición es estar tumbada con las entrañas quemadas sobre una mesa de mármol.[2] *(Cuando* BIRLING *intenta protestar, se vuelve hacia él.)* Deje de tartamudear y de lloriquearme, ¿se entera? Van a acabar por hacerme perder la paciencia. ¿Qué fue lo que dijo?

SRA. BIRLING. *(Bastante intimidada.)* Dijo que el padre no era más que un jovencito…, un chico un poco tonto e insensato que bebía demasiado. Que no cabía pensar en casarse con él…, sería una equivocación para los dos. El muchacho le había dado dinero, pero ella no quería aceptar más.

INSPECTOR. ¿Por qué no quería ese dinero?

SRA. BIRLING. Dijo muchas tonterías…, no me creí una sola palabra.

INSPECTOR. No le pregunto lo que creyó o dejó de creer. Quiero saber lo que dijo. ¿Por qué se negaba a aceptar más dinero de ese muchacho?

SRA. BIRLING. Tenía, por supuesto, algún motivo fantasioso. ¡Como si una chica como ella fuese alguna vez a rechazar dinero!

INSPECTOR. *(Con severidad.)* Se lo advierto, no hace usted más que empeorar su situación. ¿Qué razón dio para no aceptar más dinero?

SRA. BIRLING. La historia era… que una noche, cuando estaba borracho, le dijo algo que le hizo suponer que el dinero no era suyo.

INSPECTOR. ¿De dónde lo había sacado entonces?

SRA. BIRLING. Lo había robado.

---

2 Las autopsias se llevan a cabo sobre mesas de mármol.

INSPECTOR. ¿De manera que fue a pedirle ayuda a usted porque no quería aceptar dinero robado?

SRA. BIRLING. Esa fue la historia que contó al final, después de que yo me negara a creer la primera, la de que era una mujer casada a quien había abandonado el marido. No vi ninguna razón para creer que una historia fuese más cierta que la otra. De manera que está usted muy equivocado si supone que voy a tener que lamentarlo.

INSPECTOR. Pero si la historia era verídica, si el muchacho le daba dinero robado, la chica acudió a usted porque quería evitarle más problemas, ¿no es eso?

SRA. BIRLING. Es posible, pero a mí la excusa me pareció ridícula. Y estaba perfectamente justificado que aconsejara al comité rechazar su solicitud de ayuda.

INSPECTOR. ¿Ni siquiera lo siente ahora, cuando sabe lo que le ha sucedido a esa muchacha?

SRA. BIRLING. Siento que haya tenido un final tan horrible. Pero no me considero culpable en absoluto.

INSPECTOR. ¿A quién hay que culpar entonces?

SRA. BIRLING. En primer lugar, a la misma muchacha.

SHEILA. *(Con amargura.)* ¡Por permitir que papá y yo la pusiéramos de patitas en la calle!

SRA. BIRLING. En segundo lugar culpo al joven que iba a ser padre de su hijo. Si, como ella contó, no pertenecía a su misma clase social, y no era más que un vago y un borracho, entonces ahí tenemos más motivos para no dejarlo escapar. Debe dársele un castigo ejemplar. Si la responsabilidad por la muerte de esa chica le corresponde a alguien, es a él.

INSPECTOR. Y si su historia es cierta…, si el muchacho robaba dinero…

SRA. BIRLING. *(Bastante nerviosa ya.)* No hay por qué creerlo…

INSPECTOR. Pero supongamos que lo hacemos, ¿qué pasa entonces?

SRA. BIRLING. En ese caso es enteramente responsable…, porque la muchacha no hubiera acudido a nosotros y no se le hubiera negado la ayuda de no ser por él…

INSPECTOR. De manera que, en cualquier caso, ese joven es el principal culpable.

SRA. BIRLING. Ciertamente. Y se le debe tratar con la mayor severidad…

SHEILA. *(Con repentina alarma.)* ¡No sigas, mamá!

BIRLING. ¡Cállate, Sheila!

SHEILA. Pero ¿no ves que…?

SRA. BIRLING. *(Con severidad.)* Esta noche te estás comportando como una chiquilla histérica. *(SHEILA empieza a llorar sin hacer ruido. La SRA. BIRLING se vuelve hacia el INSPECTOR.)* Y si usted adoptara las medidas necesarias para encontrar a ese joven y se asegurase de que se le obliga a confesar en público su responsabilidad…, en lugar de quedarse aquí haciendo preguntas completamente innecesarias…, entonces estaría usted cumpliendo realmente con su deber.

INSPECTOR. *(Sombrío.)* No se preocupe, señora Birling. Cumpliré con mi deber. *(Mira su reloj.)*

SRA. BIRLING. *(Con tono triunfal.)* Me alegro de oírlo.

INSPECTOR. Nada de echar tierra sobre el asunto, ¿eh? Un castigo ejemplar, ¿no es eso? Pública confesión de responsabilidad, ¿umm?

SRA. BIRLING. En efecto. Creo que es su deber. Y ahora, sin duda, no tendrá inconveniente en darnos definitivamente las buenas noches.

INSPECTOR. Todavía no. Estoy esperando.

SRA. BIRLING. ¿Esperando qué?

INSPECTOR. A cumplir con mi deber.

SHEILA. *(Afligida.)* ¿Es que no entiendes, mamá?

SRA. BIRLING. *(Comprendiendo ya.)* Pero…, sin duda…, quiero decir…, es ridículo…

> *(Deja de hablar e intercambia con su marido una mirada de temor.)*

BIRLING. *(Aterrado.)* Oiga, inspector, ¿no estará tratando de decirnos que…, que mi chico… está mezclado en esto…?

INSPECTOR. *(Con severidad.)* Si lo está, ya sabemos lo que tenemos que hacer, ¿no es cierto? La señora Birling acaba de decírnoslo.

BIRLING. *(Atónito.)* ¡Cielo santo! Pero…, escuche…

SRA. BIRLING. *(Presa de agitación.)* No lo puedo creer. Nunca lo creeré…

SHEILA. Mamá… Te he suplicado una y otra vez que no siguieras…

> *(El INSPECTOR levanta una mano. Oímos la puerta principal. Todos esperan, mirando hacia la puerta del comedor. ERIC, sumamente pálido y angustiado, se encuentra, al entrar, con sus miradas inquisitivas. Cae el telón rápidamente.)*

TELÓN

FIN DEL SEGUNDO ACTO

ACTO TERCERO

La escena, exactamente como al final del segundo acto. Eric acaba de entrar en el comedor y los demás lo miran.

Eric. ¿Lo saben ya, no es eso?

Inspector. *(Como antes.)* Sí, lo sabemos.

(Eric cierra la puerta y avanza hacia el proscenio.)

Sra. Birling. *(Angustiada.)* No lo puedo creer, Eric. Tiene que haber alguna equivocación. No sabes de qué estábamos hablando.

Sheila. Más vale que no lo sepa.

Eric. ¿Por qué?

Sheila. Porque mamá ha estado muy ocupada culpando de todo al joven que dejó embarazada a la chica y diciendo que no debe escapar sin un castigo ejemplar…

Birling. Ya basta, Sheila.

Eric. *(Con amargura.)* No me lo has puesto nada fácil, ¿eh, mamá?

Sra. Birling. Pero yo no sabía que eras tú…, nunca se me habría ocurrido. Además, tú no encajas en el tipo…, no te emborrachas…

Sheila. Claro que se emborracha. Ya te lo he dicho.

Eric. ¡Se lo has dicho tú…! ¡Tengo una hermanita que es una soplona!

SHEILA. Eso no es justo, Eric. Podría habérselo dicho hace meses, pero por supuesto no lo hice. Se lo he contado hoy porque sabía que todo iba a salir a relucir…, era inevitable…, y he creído mejor que lo supiera de antemano. No olvides… que yo ya he pasado por ello.

SRA. BIRLING. No entiendo tu actitud, Sheila.

BIRLING. Yo tampoco. Si tuvieras alguna noción de lo que es la lealtad…

INSPECTOR. *(Interrumpiéndole con suavidad.)* Un momento, señor Birling. Van a tener tiempo de sobra, cuando me haya ido, de replantearse sus relaciones familiares. Pero ahora he de oír lo que su hijo tenga que decirme. *(Mira con severidad a los tres.)* Y les estaré muy agradecido si nos permiten continuar sin nuevas interrupciones. *(Volviéndose hacia* ERIC.*)* Veamos.

ERIC. *(Hundido.)* ¿Puedo echar un trago antes?

BIRLING. *(Estallando.)* ¡No!

INSPECTOR. *(Con firmeza.)* Sí. *(Cuando* BIRLING, *encolerizado, se dispone a intervenir de nuevo.)* Ya sé…, el muchacho es su hijo y esta su casa…, pero mírelo. Ahora necesita una copa para pasar este mal trago.

BIRLING. *(A* ERIC.*)* De acuerdo. Adelante. *(*ERIC *se dirige al aparador. El modo de manejar primero la botella de cristal y después el vaso pone de manifiesto su familiaridad con un consumo de bebidas alcohólicas frecuente y copioso.[1] Los demás le observan atentamente.* BIRLING *añade con amargura.)* Ahora entiendo muchas cosas que antes no entendía.

INSPECTOR. No empiece con eso. Hemos de seguir adelante. *(A* ERIC.*)* ¿Cuándo conoció a esa muchacha?

ERIC. Una noche del pasado noviembre.[1]

---

1 *copioso*: abundante.

1 Es decir, dos meses después de terminarse la relación de Eva con Gerald.

INSPECTOR. ¿Dónde?

ERIC. En el bar del Palace. Yo estaba allí con unos tipos desde hacía cosa de una hora y había bebido un poco más de la cuenta.

INSPECTOR. ¿Qué pasó entonces?

ERIC. Empecé a hablar con ella y la invité a unas copas. Para cuando nos marchamos estaba muy bebido.

INSPECTOR. ¿Ella también?

ERIC. Me dijo que un poco, sobre todo porque apenas había comido en todo el día.

INSPECTOR. ¿Por qué había ido la muchacha al bar del Palace?

ERIC. Ella no era como las demás. Pero…, bueno, supongo que no sabía qué hacer. Había otra mujer que quería que fuese. Nunca llegué a entenderlo bien.

INSPECTOR. Aquella noche, ¿fue usted con ella al sitio donde se alojaba?

ERIC. Sí; al parecer, insistí… No lo tengo muy claro, pero después me dijo que ella no quería que la acompañara a su casa, pero que…, bueno…, por lo visto yo me encontraba en uno de esos estados en los que un tipo se enfurece con facilidad…, y amenacé con organizar un escándalo.

INSPECTOR. ¿De manera que le dejó entrar?

ERIC. Sí. Y fue entonces cuando sucedió. Y ni siquiera lo recuerdo…, eso es lo más terrible. ¡Dios mío! ¡Qué cosa tan absurda!

SRA. BIRLING. *(Dejando escapar un grito.)* ¡Eric! ¿Cómo pudiste…?

BIRLING. *(Con brusquedad.)* Sheila, lleva a tu madre al salón…

SHEILA. *(Protestando.)* Pero…, yo quiero…

BIRLING. *(Con gran aspereza.)* Ya has oído lo que he dicho. *(Suavizando el tono.)* Ve con ella, Sybil.

(Se adelanta para abrir la puerta y espera a que SHEI-LA *salga con su madre. Luego la cierra y vuelve junto al* INSPECTOR.*)*

INSPECTOR. ¿Cuándo volvió a verla?

ERIC. Unas dos semanas después.

INSPECTOR. ¿Una cita?

ERIC. No. Además yo no recordaba su nombre ni dónde vivía. Era todo muy vago. Pero volví a verla en el bar del Palace.

INSPECTOR. ¿A tomar unas copas de nuevo?

ERIC. Sí, aunque esta vez yo no estaba tan borracho.

INSPECTOR. Pero, ¿volvió a acompañarla a su casa?

ERIC. Sí. Y en esa ocasión hablamos un poco. Me contó algunas cosas y yo también hablé. Le dije mi nombre y lo que hacía.

INSPECTOR. ¿Y volvieron a hacer el amor?

ERIC. Sí. No es que estuviera enamorado ni nada parecido…, pero me gustaba…, era bonita y simpática…

BIRLING. *(Con dureza.)* Así que te acostaste con ella.

ERIC. Bueno, soy lo bastante mayor para estar casado, pero no lo estoy, y aborrezco a esas furcias gordas y viejas que andan por ahí…, esas a las que veo con algunos de tus respetables amigos…

BIRLING. *(Enojado.)* No tolero que me hables de esa…

INSPECTOR. *(Muy cortante.)* Y yo no se lo tolero a ninguno de los dos. Arréglenlo entre ustedes después. *(A* ERIC.*)* ¿Quedaron en seguirse viendo?

ERIC. Sí. Y la vez siguiente…, o en la posterior…, me dijo que le parecía que estaba embarazada, aunque no podía asegurarlo. Luego ya no hubo ninguna duda.

INSPECTOR. Y, como es lógico, la situación le preocupaba.

ERIC. Sí, y a mí también. Yo estaba hecho trizas.

INSPECTOR. ¿Sugirió ella que debían casarse?

ERIC. No. No quería que nos casáramos. Dijo que yo no la quería…, y todo eso. En cierto modo, me trató… como si fuese un niño. Aunque soy casi de su edad.

INSPECTOR. Y usted, ¿qué propuso que hicieran?

ERIC. Bueno, ella no tenía trabajo…, y no se sentía con ánimos para intentar conseguir otro…, ni tampoco tenía dinero ahorrado…, así que insistí en darle lo suficiente para que fuese tirando…, hasta que se negó a aceptar más…

INSPECTOR. ¿Cuánto dinero le entregó en total?

ERIC. Supongo que… unas cincuenta libras en números redondos.

BIRLING. ¡Cincuenta libras… a lo que hay que añadir la bebida y otras distracciones! ¿De dónde sacaste cincuenta libras?

(ERIC *no responde.*)

INSPECTOR. Eso mismo pregunto yo.

ERIC. *(Muy avergonzado.)* Las saqué… del despacho…

BIRLING. ¿Del mío?

ERIC. Sí.

INSPECTOR. ¿Quiere decir que robó el dinero?

ERIC. No del todo.

BIRLING. *(Colérico.)* ¿Qué quieres decir con «no del todo»?

(ERIC *no contesta porque en ese momento regresan la* SRA. BIRLING *y* SHEILA.)

SHEILA. No es culpa mía.

SRA. BIRLING. *(A* BIRLING.*)* Lo siento, Arthur, pero no podía seguir en el salón. Tenía que saber lo que estaba pasando.

BIRLING. *(Rabioso.)* Eso te lo puedo contar yo. Tu hijo ha reconocido ya su responsabilidad por la situación de la mu-

chacha, y ahora nos está diciendo que le dio dinero robado del despacho.

SRA. BIRLING. *(Escandalizada.)* ¡Eric! ¿Has robado dinero?

ERIC. No fue realmente un robo. Tenía intención de devolverlo.

BIRLING. Esa historia ya la hemos oído otras veces. ¿Cómo pensabas devolverlo?

ERIC. Me las hubiera arreglado de algún modo. Tenía que disponer de algún dinero…

BIRLING. No entiendo cómo has podido llevarte tanto dinero sin que nadie se diera cuenta.

ERIC. Había algunas facturas poco importantes que cobrar, y pedí el dinero en efectivo a los clientes…

BIRLING. Diste el recibo de la empresa y te guardaste el dinero, ¿no es eso?

ERIC. Sí.

BIRLING. Tienes que darme una lista de todas esas facturas. He de arreglarlo cuanto antes. Maldito estúpido…, ¿por qué no acudiste a mí cuando te encontraste metido en ese lío?

ERIC. Porque no eres un padre al que se pueda acudir cuando se tienen problemas…, ese es el porqué.

BIRLING. *(Enojado.)* No me hables de ese modo. El problema contigo… es que has estado siempre demasiado consentido…

INSPECTOR. *(Interrumpiéndole.)* Y mi problema… es que no dispongo de mucho tiempo. Podrán repartirse la responsabilidad cuando me haya ido. *(A ERIC.)* Una última pregunta, eso es todo. La muchacha descubrió que el dinero que usted le daba era robado, ¿no es eso?

ERIC. *(Avergonzado.)* Sí. Eso fue lo peor. No quiso aceptar más, ni tampoco volver a verme. *(Repentinamente sorprendido.)* Pero, ¿cómo lo sabe? ¿Se lo dijo ella?

INSPECTOR. No. A mí no me dijo nada. No he hablado nunca con ella.

SHEILA. Se lo dijo a nuestra madre.

SRA. BIRLING. *(Asustada.)* ¡Sheila!

SHEILA. Tiene que enterarse.

ERIC. *(A la* SRA. BIRLING.*)* ¿Te lo dijo a ti? ¿Es que llegó a venir aquí…? Pero es imposible, pues ni siquiera sabía dónde vivo. ¿Qué fue lo que pasó? *(La* SRA. BIRLING, *abrumada, niega con la cabeza, pero no responde.)* Vamos, no pongas esa cara. Dímelo, dime qué sucedió.

INSPECTOR. *(Con serena autoridad.)* Se lo voy a decir yo. Después de romper con usted acudió al comité al que pertenece su madre para pedir ayuda. La señora Birling se la negó.

ERIC. *(A punto de perder el control.)* Entonces… la mataste tú. Acudió a ti para protegerme…, y tú le diste la espalda…, sí, tú la mataste…, y también al hijo que hubiera tenido…, mi hijo…, tu nieto…, los mataste a los dos…, maldita seas…, maldita seas…

SRA. BIRLING. *(Muy angustiada ya.)* No…, Eric…, por favor…, yo no sabía…, no entendí…

ERIC. *(Casi amenazándola.)* No entiendes nada. Nunca has entendido nada. Ni siquiera lo has intentado…, eres una…

SHEILA. *(Asustada.)* Eric, no, por favor…, no…

BIRLING. *(Interviniendo, furioso.)* ¡Cómo te atreves a…! ¿Es que has perdido completamente la cabeza, desgraciado? Cálmate o te voy a…

INSPECTOR. *(Imponiéndose con autoridad.)* ¡Basta! *(De repente todos se inmovilizan, mirándolo.)* Cállense un momento y escuchen. No necesito saber nada más. Ustedes tampoco. Esa chica se ha suicidado y ha muerto de una manera espantosa. Pero todos ustedes han contribuido a matarla. Recuérdenlo. No lo olviden nunca. *(Los va mirando uno a uno, detenidamente.)* Aunque no creo que puedan olvidarlo. Recuerde lo que hizo, señora Birling. Se negó a ayudarla cuando más lo necesitaba. Le negó incluso la lastimosa porción de caridad organizada que estaba en su poder concederle. Recuerde lo que hizo…

ERIC. *(Pesaroso.)* Cielo santo, no es probable que yo lo olvide.

INSPECTOR. Usted la utilizó para acabar una estúpida noche de borrachera, como si fuese un animal, un objeto, no una persona. No; usted no lo olvidará. *(Mira a* SHEILA.*)*

SHEILA. *(Con amargura.)* Lo sé. Hice que la echaran de un empleo. Yo lo provoqué todo.

INSPECTOR. Usted colaboró, pero no lo provocó. *(Agresivo, a* BIRLING.*)* Usted fue el causante. Esa chica quería veinticinco chelines a la semana en lugar de veintidós con seis. Usted le hizo pagar un precio muy alto. Y ahora ella le hará pagar a usted un precio todavía mayor.

BIRLING. *(Entristecido.)* Escuche, inspector…, daría miles…, sí, miles…

INSPECTOR. Ofrece dinero cuando ya no hace falta, señor Birling. *(Hace un gesto, como para dar por terminada la sesión, posiblemente cerrando la libreta que maneja, etc. Luego los contempla desdeñosamente.)* No, no creo que ninguno de ustedes lo olvide. Ni tampoco ese joven, Croft, aunque al menos él sintió cierto afecto por ella y la hizo feliz durante algún tiempo. Bien, Eva Smith ya no está con nosotros. Ya no pueden ustedes hacerle más daño. Ni nada bueno tampoco. Ni siquiera pueden decir: «Lo siento, Eva Smith».

SHEILA. *(Que llora en silencio.)* Eso es lo peor.

INSPECTOR. Pero recuerden esto. Ha desaparecido una Eva Smith, pero aún quedan millones y millones de Evas Smith y de Johns Smith entre nosotros, con sus vidas, sus esperanzas y sus temores, sus sufrimientos y sus posibilidades de felicidad, todo entrelazado con nuestras vidas, con lo que pensamos, decimos y hacemos. No vivimos solos. Somos miembros de un mismo cuerpo. Somos responsables los unos de los otros. Y les digo que pronto llegará el tiempo en que, si los hombres no aprenden esa lección, se les enseñará con el fuego, la sangre y el sufrimiento.[2] Buenas noches.

(Sale sin hacer ninguna pausa, y los otros se quedan mirando, sumisos y asombrados. SHEILA sigue llorando en silencio. La SRA. BIRLING se derrumba sobre una silla. ERIC cavila desesperado. BIRLING, el único activo, escucha el ruido de la puerta principal al cerrarse, se acerca dubitativo a la puerta del comedor, se detiene, mira tristemente a los otros tres, y se sirve una copa que bebe con precipitación.)

BIRLING. *(Enfadado, a ERIC.)* Tú eres el responsable de todo esto.

ERIC. Seguro que lo soy.

BIRLING. *(Muy enfadado.)* Sí, y además no te das cuenta de lo que has hecho. Casi todo esto saldrá a relucir. Habrá un escándalo público.

ERIC. Bueno, ya no me importa.

BIRLING. ¡A ti, claro! ¡A ti no parece importarte nada! Pero a mí sí me importa. Casi con toda seguridad en la próxima lista de distinciones se me iba a conceder el título de caballero…

---

2 La frase del inspector evoca la que Winston Churchill pronunció en el parlamento británico el 13 de mayo de 1940, tras ser nombrado primer ministro y en el contexto de las severas derrotas que el ejército nazi estaba infligiendo a las fuerzas aliadas: «No puedo ofrecerles más que sangre, esfuerzo, lágrimas y sudor». Las palabras del inspector, así, resultan premonitorias de la hecatombe que trajo consigo la Segunda Guerra Mundial, porque los hombres, en palabras del inspector, «no habían aprendido la lección».

(Eric ríe de manera bastante histérica, señalando a su padre con el dedo.)

Eric. *(Riendo.)* ¡Por el amor de Dios! ¿Qué importancia tiene ahora que te hagan o que no te hagan caballero?

Birling. *(Con severidad.)* A ti no te importa. Al parecer todo te da igual. Pero quizá te interese saber que hasta que devuelvas el último penique del dinero que has robado, trabajarás gratis. Y se ha acabado eso de ir emborrachándote por toda la ciudad…, y los ligues en el bar del Palace…

Sra. Birling. *(Recuperándose.)* Espero que así sea. Eric, estoy absolutamente avergonzada de ti.

Eric. Es natural. Pero no olvidéis que yo también me avergüenzo de vosotros; sí, de los dos.

Birling. *(Colérico.)* Retira eso. Existían razones más que suficientes para lo que tu madre y yo hicimos… Los resultados han sido desafortunados, eso es todo…

Sheila. *(Desdeñosamente.)* Eso es todo.

Birling. ¿Se puede saber qué es lo que tienes tú que decir?

Sheila. No sé por dónde empezar.

Birling. Entonces no empieces. Nadie te lo ha pedido.

Sheila. Yo también me porté mal. Lo sé. Me avergüenzo de ello. Pero ahora vosotros estáis empezando de nuevo a fingir que no ha sucedido nada importante…

Birling. ¡Nada importante! ¿No acabo de decir que habrá un escándalo… a no ser que tengamos mucha suerte? ¿Y quién de los aquí presentes saldrá más perjudicado que yo?

Sheila. Pero yo no estoy hablando de eso. Eso me tiene sin cuidado. La cuestión es que no parece que hayas aprendido nada.

Birling. ¿No? Pues en eso estás completamente equivocada. He aprendido muchísimo esta noche. Y espero que no quieras que te cuente lo que he aprendido. Cuando vuelvo la vista atrás…, cuando pienso en lo que sentía mientras los cinco estábamos cenando, sentados a esa mesa…

ERIC. *(Interrumpiéndole.)* Sí, y ¿te acuerdas de lo que nos dijiste a Gerald y a mí después de la cena, cuando te sentías tan satisfecho de ti mismo? Nos dijiste que un hombre tiene que abrirse su propio camino, ocuparse de sus propios asuntos y cuidar de sus intereses, y que no teníamos que hacer ningún caso de esos chiflados que dicen que todo el mundo tiene que ocuparse de los demás, como si todos estuviésemos mezclados y revueltos. ¿Lo recuerdas? Sí…, y, a continuación, entró uno de esos chiflados, el inspector. *(Ríe amargamente.)* No recuerdo que le dijeras eso de que cada uno tiene que cuidar de sí mismo.

SHEILA. *(Repentinamente atenta.)* ¿Fue entonces cuando llegó el inspector, después de que papá dijera eso?

ERIC. Sí. ¿Qué importancia tiene?

SRA. BIRLING. ¿Qué es lo que pasa ahora, Sheila?

SHEILA. *(Hablando muy despacio.)* Es extraño…, muy extraño… *(Los mira reflexivamente.)*

SRA. BIRLING. *(Con cierta agitación.)* Sé lo que vas a decir. Porque yo misma me lo he preguntado.

SHEILA. Ahora ya da igual, por supuesto, pero ¿era de verdad un inspector de policía?

BIRLING. Pues si no lo era, desde luego que no da lo mismo. Hay tanta diferencia como de la noche al día.

SHEILA. No. No es cierto.

BIRLING. No digas sandeces. Claro que sí.

SHEILA. Para mí no hay diferencia. Y no debiera haberla para vosotros.

SRA. BIRLING. No seas infantil, Sheila.

SHEILA. *(Encolerizándose.)* No lo soy. En realidad, sois vosotros dos los que os comportáis como niños…, tratando de no enfrentaros con los hechos.

BIRLING. No permito que me hables de ese modo. Si sigues así, te voy a enviar a tu cuarto enseguida.

ERIC. Eso sería un castigo terrible, ¿verdad que sí?

SHEILA. Voy a irme de todos modos dentro de un par de minutos. Pero, ¿no os dais cuenta de que si todo lo que ha salido a la luz esta noche es cierto, no importa demasiado quién sea el que nos ha hecho confesar? Y era verdad, ¿no es cierto? Tú despediste a esa chica y yo conseguí que la echaran de otro empleo. Gerald la tuvo de mantenida[2] en una época en que afirmaba estar demasiado atareado para verme. Eric…, bueno, ya sabemos lo que hizo Eric. Y mamá le cerró su corazón y le dio el empujón definitivo que acabó con ella. Eso es lo importante…, y no si un individuo es o no inspector de policía.

ERIC. Desde luego, era nuestro inspector de policía.

SHEILA. Eso es lo que quiero decir, Eric. Pero si os sirve de consuelo, aunque a mí no, desde luego, tengo la impresión…, y la he tenido vagamente todo el tiempo…, de que había algo curioso en él. No me ha parecido en ningún momento un inspector de policía corriente y vulgar…

BIRLING. *(Más bien excitado.)* Tienes razón. También yo lo he notado. *(A la* SRA. BIRLING.*)* ¿No te ha pasado a ti?

SRA. BIRLING. Tengo que decir que sus modales eran de lo más extraordinario; tan… tan descortés…, tan seguro de sí mismo…

BIRLING. Acuérdate de cómo me hablaba. Diciéndome que me callara…, y cosas por el estilo. Tenía que saber que fui

---

2 *mantenida*: mujer que vive gracias a la ayuda económica prestada por el hombre con el que mantiene relaciones sexuales extramatrimoniales.

alcalde y que aún soy magistrado y todo lo demás. Por otra parte…, su manera de hablar…, ¿os acordáis? Quiero decir que los policías no hablan así. He tenido tratos con docenas de ellos.

SHEILA. Muy bien. Pero eso, en realidad, no cambia las cosas, no sé si os dais cuenta.

SRA. BIRLING. Por supuesto que las cambia.

ERIC. No; Sheila tiene razón. No las cambia.

BIRLING. *(Enojado.)* Eso sí que es gracioso, quiero decir, viniendo de ti. Tú eres el que más tiene que perder. Has confesado un robo; ahora el inspector conoce todos los detalles, puede utilizarlos para la investigación y, si es necesario, presentarlos ante un tribunal. A tu madre, a Sheila y a mí no nos puede hacer nada…, excepto, quizá, avergonzarnos un poco en público, pero a ti te puede destrozar. No sé si te das cuenta.

SHEILA. *(Hablando despacio.)* Apenas le hemos dicho algo que no supiera de antemano. ¿No lo habéis notado?

BIRLING. Eso no es nada. Disponía de un poquito de información, dejada por la chica, y ha hecho unas cuantas suposiciones inteligentes…, pero lo cierto es que si no hubiésemos hablado tanto, habría tenido muy poco en que apoyarse. *(Los mira a todos enfadado.)* Y en realidad, cuando pienso en ello, no me explico por qué lo habéis sacado todo a relucir de esa manera.

SHEILA. Es muy fácil decir eso ahora. El caso es que nos ha hecho confesar.

SRA. BIRLING. A mí, desde luego, no me ha hecho confesar, como tú lo llamas. Le dije con toda claridad que estaba convencida de haber cumplido con mi deber.

SHEILA. ¡Mamá, por favor!

BIRLING. Lo cierto es que os habéis dejado engañar. Sí, sí, engañar.

SRA. BIRLING. *(Protestando.)* Vamos, Arthur, ¿cómo puedes decir eso?

BIRLING. No, tú no, cariño. Pero esos dos, sí. Es evidente que ese tipo no nos tiene ninguna simpatía. Estaba en contra de nosotros desde el primer momento. Probablemente es socialista o uno de esos tipos raros…, hablaba como uno de ellos. Y luego, en lugar de hacerle frente, os habéis dejado convencer hasta el punto de contarle todos vuestros asuntos privados. Teníais que haberle plantado cara.

ERIC. *(Resentido.)* Yo no he notado que tú le plantaras cara.

BIRLING. No, porque para entonces ya habías reconocido que estabas robando dinero. ¿Qué podía hacer yo después de eso? He sido un estúpido por no insistir en hablar con él a solas.

ERIC. Eso no hubiera servido de nada.

SHEILA. Por supuesto que no.

SRA. BIRLING. Oyéndoos hablar, casi se diría que queréis ayudarlo a él en lugar de ayudarnos a nosotros. Ahora haced el favor de callaros para que vuestro padre pueda decidir qué es lo que debemos hacer. *(Mira expectante a* BIRLING.*)*

BIRLING. *(Inseguro.)* Sí, claro… Tenemos que hacer algo, y empezar a trabajar ya. *(Mientras titubea se oye la campanilla de la puerta principal. Todos se miran alarmados.)* ¿Quién será ahora? ¿Voy yo?

SRA. BIRLING. No. Irá Edna. Le he pedido que esperase levantada para hacernos té.

SHEILA. Quizá sea Gerald, que ya está de vuelta.

BIRLING. *(Aliviado.)* Sí, claro. Me había olvidado de él.

(Aparece EDNA.*)*

EDNA. Es el señor Croft.

(Se presenta GERALD *y* EDNA *se retira.)*

GERALD. Espero que no les importe que haya vuelto.

SRA. BIRLING. Por supuesto que no, Gerald.

GERALD. Tenía una razón especial para volver. ¿Cuándo se ha marchado el inspector?

SHEILA. Hace solo unos minutos. Nos ha hecho pasar a todos un mal rato…

SRA. BIRLING. *(Con tono de advertencia.)* ¡Sheila!

SHEILA. Más vale que Gerald lo sepa.

BIRLING. *(Hablando con apresuramiento.)* No es necesario que le importunemos con toda esa historia.

SHEILA. De acuerdo. (A GERALD.) Pero todos estamos metidos… hasta el cuello. Aún ha sido peor después de que te marcharas.

GERALD. ¿Cómo se ha comportado?

SHEILA. De modo… sobrecogedor.

BIRLING. Si quieres saber mi opinión, se ha comportado de una manera muy extraña y sospechosa.

SRA. BIRLING. ¡Ha sido realmente increíble la forma tan descortés con que nos hablaba al señor Birling y a mí…!

GERALD. Umm, umm.

(Todos le miran inquisitivamente.)

BIRLING. *(Muy interesado.)* Tú sabes algo. ¿De qué se trata?

GERALD. *(Lentamente.)* Ese individuo no era de la policía.

BIRLING. *(Asombrado.)* ¿Cómo?

SRA. BIRLING. ¿Estás seguro?

GERALD. Estoy casi seguro. Eso es lo que he venido a decirles.

BIRLING. *(Emocionado.)* ¡Buen chico! Has hecho averiguaciones, ¿verdad?

GERALD. Sí. Calle abajo encontré a un sargento de la policía que conozco. Le he preguntado por el inspector Goole y se lo he descrito con pelos y señales. Me ha asegurado que no hay en el cuerpo ningún inspector Goole ni nadie que se le parezca.

BIRLING. No le habrás contado...

GERALD. *(Interrumpiéndole.)* No, no. Disimulé diciendo que había tenido una discusión con alguien. Pero el sargento estaba completamente seguro de que no tienen ningún inspector que se parezca al tipo que ha estado aquí.

BIRLING. *(Lleno de animación.)* ¡Acabáramos! ¡Un impostor!

SRA. BIRLING. *(Con acento triunfal.)* ¿No os lo había dicho? ¿No dije que no me cabía en la cabeza que un verdadero inspector de policía nos hablara de esa manera?

GERALD. Pues estaba en lo cierto. No existe tal inspector. Se han reído de nosotros.

BIRLING. *(Se pone en movimiento.)* Voy a asegurarme.

SRA. BIRLING. ¿Qué vas a hacer?

BIRLING. Llamar al jefe de la policía, al coronel Roberts.

SRA. BIRLING. Ten cuidado con lo que dices, cariño.

BIRLING. *(Ya junto al teléfono.)* Por supuesto. *(Al teléfono.)* Brumley ocho siete cinco dos. *(A los demás mientras espera.)*[3] Iba a hacerlo de todos modos. He tenido sospechas todo el tiempo. *(Al teléfono.)* Con el coronel Roberts, por favor. El señor Arthur Birling... Hola, Roberts, soy Birling. Perdone que le llame tan tarde, pero ¿me puede decir si tiene bajo su mando a un inspector apellidado Goole, de reciente incorporación?... Goole. G-O-O-L-E..., alto, bien afeitado. *(Aquí la descripción del actor que represente al* INSPECTOR.*)* Entiendo..., sí..., eso zanja el asunto... No, una pequeña discusión familiar... Buenas noches.

---

3 Antiguamente, para hacer una llamada telefónica era necesario contactar con una centralita a la que se le indicaba el número de teléfono con el que se deseaba establecer comunicación.

(Cuelga el teléfono y mira a los demás.) No hay inspector Goole que valga. Ese individuo no era inspector de policía. Como dice Gerald, se han reído de nosotros.

SRA. BIRLING. He tenido esa impresión todo el tiempo. No hablaba como un policía. Ni siquiera tenía aspecto de policía.

BIRLING. Eso cambia las cosas, no sé si os dais cuenta. De hecho cambia completamente las cosas.

GERALD. ¡Por supuesto!

SHEILA. *(Con amargura.)* Supongo que ahora todos somos personas estupendas…

BIRLING. Si no tienes nada más razonable que decir, Sheila, más vale que te calles.

ERIC. Pero tiene razón.

BIRLING. *(Enojado.)* Y tú más vale que te calles. Si de verdad hubiese sido un inspector y hubiera oído tu confesión…

SRA. BIRLING. *(Con tono admonitorio.)*[3] ¡Arthur…, cuidado!

BIRLING. *(Hablando con apresuramiento.)* Sí, sí.

SHEILA. Ya ves, Gerald, que no tienes por qué conocer el resto de nuestros delitos y sandeces.

GERALD. Me parece muy bien, no tengo el menor deseo. *(A* BIRLING.*)* ¿Qué opinión le merece ahora todo este asunto? ¿Ha sido una broma de mal gusto?

BIRLING. Por supuesto. Alguien preparó a ese individuo para que viniera aquí y nos tomara el pelo. En esta ciudad hay gente que me aborrece lo bastante como para hacerlo. Tendríamos que habernos dado cuenta desde el primer momento. En una situación normal creo que yo lo hubiera hecho. Pero presentándose así, de improviso, cuando concluía nuestra celebración, precisamente cuando estábamos todos

---

3 *admonitorio*: de represión.

tan contentos y despreocupados, no es de extrañar que me haya sorprendido.

SRA. BIRLING. ¡Cómo me hubiera gustado estar presente cuando llegó! Yo le hubiera hecho unas cuantas preguntas antes de permitirle que él nos las hiciera a nosotros.

SHEILA. Es bien fácil decir eso ahora.

SRA. BIRLING. Soy la única que no ha cedido. Y ahora digo que hemos de estudiar este asunto con calma y de manera razonable y decidir si debemos hacer algo.

BIRLING. *(Totalmente de acuerdo.)* Tienes toda la razón, cariño. Ya hemos descubierto un hecho muy importante: que ese individuo era un impostor y que hemos sido víctimas de un engaño..., y que quizá este asunto no esté terminado, ni mucho menos.

GERALD. Estoy seguro de eso.

BIRLING. *(Sumamente interesado.)* ¿Lo estás, eh? ¡Bien! *(A ERIC, que se muestra inquieto.)* Eric, siéntate.

ERIC. *(Malhumorado.)* Estoy perfectamente.

BIRLING. ¿Perfectamente? Estás todo menos perfectamente. Y no hace falta que te quedes ahí de pie..., como si..., como si...

ERIC. ¿Como si qué?

BIRLING. Como si no tuvieras nada que ver con nosotros. Recuerda tu situación, jovencito. Si alguien está metido hasta el cuello en este asunto, ese eres tú; de manera que más vale que te lo tomes con interés.

ERIC. Claro que me lo tomo con interés. El problema es que me intereso demasiado.

SHEILA. También es ese mi problema.

BIRLING. Escuchadme los dos. Si todavía tenéis los nervios de punta, haced el favor de no decir nada. Dejádnoslo a nosotros. Reconozco que las payasadas de ese individuo nos han crispado un poco. Pero lo hemos desenmascarado..., y todo lo que tenemos que hacer es no perder la cabeza. Ahora es nuestro turno.

SHEILA. ¿Nuestro turno..., de qué?

SRA. BIRLING. *(Cortante.)* De comportarnos razonablemente, Sheila, que es más de lo que tú estás haciendo.

ERIC. *(Estallando.)* ¿Qué sentido tiene hablar de comportarse razonablemente? Ya estáis empezando a fingir que no ha sucedido nada. Yo no lo veo así. La muchacha sigue muerta, ¿no es cierto? Que yo sepa, nadie le ha devuelto la vida.

SHEILA. *(Con pasión.)* Eso es precisamente lo que pienso yo, Eric. Y es lo que ellos parecen no entender.

ERIC. Fuera quien fuese ese tipo, lo cierto es que yo hice lo que hice. Y mamá hizo lo que hizo. Y los demás también hicisteis lo que hicisteis. Sigue siendo la misma historia sórdida, y da lo mismo contársela a un inspector de policía que a otra persona cualquiera. Según vosotros, debería sentirme mucho mejor... *(A GERALD.)* Robé algún dinero, Gerald, más vale que te enteres... *(Mientras BIRLING trata de interrumpirle.)* Me tiene sin cuidado, deja que se entere. El dinero no es lo importante. Lo que importa es lo que le ha sucedido a la chica y lo que le hicimos entre todos. Y yo sigo sintiendo lo mismo que antes, y por eso no me apetece sentarme y mantener una agradable conversación íntima.

SHEILA. Eric tiene toda la razón. Y lo que acaba de decir es lo mejor que ninguno de nosotros ha dicho aquí esta noche, y hace que me sienta un poco menos avergonzada de todos nosotros. Estáis otra vez empezando a fingir que aquí no ha pasado nada.

BIRLING. ¡Escuchadme, por el amor de Dios!

SRA. BIRLING. *(Protestando.)* ¡Arthur!

BIRLING. Reconoce, querida, que acabarían con la paciencia del santo Job.[4] No hacen el menor esfuerzo por entender nuestra posición, ni quieren ver la diferencia entre que cosas como estas no salgan del círculo familiar o se conviertan en un escándalo público con todas las de la ley.

ERIC. *(Gritando.)* ¡Y yo digo que la chica está muerta y que todos hemos contribuido a matarla…, y que eso es lo que importa…!

BIRLING. *(Gritando también y amenazando a* ERIC.*)* ¡Y yo digo que o dejas de gritar o te vas! *(Mirándolo con indignación pero hablando con tono reposado.)* A estas alturas algunos padres que conozco ya te hubieran echado de casa a patadas. De manera que cállate la boca si quieres seguir aquí.

ERIC. *(Calmándose, pero con amargura.)* Me tiene sin cuidado quedarme o marcharme.

BIRLING. Te quedarás aquí el tiempo suficiente para rendirme cuentas del dinero que has robado…, sí, y para devolverlo.

SHEILA. Pero eso tampoco le devolverá la vida a Eva Smith, ¿no es cierto?

ERIC. Ni tampoco cambia el hecho de que todos hemos contribuido a matarla.

GERALD. ¿Estamos seguros de eso?

ERIC. Claro que lo estamos. Tú no conoces todavía toda la historia.

SHEILA. *(A* GERALD.*)* Supongo que ahora vas a demostrarnos que el verano pasado no te entregaste de lleno a esa chica mantenida en lugar de venir a verme, ¿no?

GERALD. Es cierto que tuve una mantenida el verano pasado. Lo he reconocido. Y lo siento, Sheila.

---

4 Job es un personaje bíblico del Antiguo Testamento que, tras ser sometido a las más duras pruebas por el Diablo y soportarlas pacientemente (enfermedades, pobreza, muerte de hijos…), no pierde la fe en Dios.

SHEILA. Bueno, tengo que reconocer que has salido mejor librado que el resto de nosotros. Lo dijo el inspector.

BIRLING. *(Enfadado.)* No era un inspector.

SHEILA. *(Acalorándose.)* En todo caso, nos ha inspeccionado a fondo. Y no empecemos ahora a fingir y a escurrir el bulto. Entre todos empujamos a esa chica al suicidio.

GERALD. ¿Nosotros? ¿Quién lo dice? Porque, en mi opinión, las pruebas son tan poco concluyentes como las de que ese sujeto fuera inspector de policía.

SHEILA. Claro que hay pruebas.

GERALD. No, no las hay. Fíjate bien. Un individuo se presenta aquí fingiendo ser inspector de policía. Se trata de una broma de mal gusto. Pero, ¿qué es lo que hace ese sujeto? Muy hábilmente, partiendo de retazos de información que ha recogido aquí y allá, nos fuerza a confesar que todos hemos tenido algo que ver en la vida de esa muchacha de un modo u otro.

ERIC. Que es lo que ha pasado.

GERALD. Pero, ¿cómo sabes que se trata de la misma persona?

BIRLING. *(Muy interesado.)* ¡Un momento! Vamos a considerar esa posibilidad. Si…, *(Duda.)* no, no es posible.

ERIC. Todos hemos reconocido los hechos.

GERALD. De acuerdo. Todos habéis reconocido algo relacionado con una chica. Pero, ¿cómo sabéis que era la misma? *(Se queda mirándolos a todos con expresión triunfal. Mientras los otros meditan sobre el problema,* GERALD, *después de una pausa, se vuelve hacia* BIRLING.*)* Fíjese en esto, señor Birling. Usted despide a una chica llamada Eva Smith. Lo ha olvidado, pero el falso inspector le muestra una fotografía y entonces la recuerda. ¿No es eso?

BIRLING. Sí, hasta ahí no tiene ninguna complicación. Pero después, ¿qué?

GERALD. Después resulta que el hombre está enterado de que, en una ocasión, Sheila consiguió que despidiesen a una chica de la tienda Milward, y nos dice que es la misma Eva Smith. A Sheila le enseña una fotografía que ella reconoce.

SHEILA. Sí. La misma fotografía.

GERALD. ¿Cómo sabes que era la misma fotografía? ¿Viste tú la que le enseñó a tu padre?

SHEILA. No, no la vi.

GERALD. ¿Vio tu padre la que el inspector te enseñó a ti?

SHEILA. No, no la vio. Ya entiendo lo que quieres decir.

GERALD. No tenemos pruebas de que fuese la misma fotografía y, en consecuencia, tampoco las tenemos de que fuera la misma muchacha. Ahora pasemos a mi caso. Yo no vi ninguna fotografía, recuérdenlo. El hombre me cogió desprevenido al anunciar de repente que esa chica se había cambiado de nombre y se hacía llamar Daisy Renton. Yo caí en la trampa de inmediato porque había conocido a una Daisy Renton.

BIRLING. *(Con gran animación.)* Y no nos dio la menor prueba de que Daisy Renton fuese realmente Eva Smith. Tan solo su palabra, pero también nos dijo que era inspector de policía, y ahora sabemos que mintió. De manera que pudo haber mentido todo el tiempo.

GERALD. Claro que pudo. Y probablemente fue eso lo que hizo. Vamos a ver, ¿qué pasó después de que yo me marchara?

SRA. BIRLING. Yo estaba preocupada porque Eric había salido, y ese individuo dijo que si Eric no volvía, él iría a buscarlo. Bueno; eso aumentó mi preocupación. Tenía, además, una actitud muy severa y parecía muy seguro de sí mismo. Luego, de improviso, dijo que yo había visto a Eva Smith hacía solo dos semanas.

BIRLING. Esas fueron exactamente sus palabras.

SRA. BIRLING. Y como una estúpida dije que sí, que la había visto.

BIRLING. Pues no entiendo por qué lo hiciste. ¿Dijo llamarse Eva Smith cuando fue a verte al comité?

SRA. BIRLING. No, claro que no. Pero como estaba tan preocupada, al dirigirse a mí de repente con todas aquellas preguntas, le contesté más o menos como él quería que lo hiciera.

SHEILA. Pero, mamá, no olvides que antes te enseñó una fotografía de la chica y que tú la reconociste al instante.

GERALD. ¿Vio alguien más esa fotografía?

SRA. BIRLING. No, solo me la enseñó a mí.

GERALD. Entonces, ¿no se dan cuenta?, no hay ninguna prueba de que sea la misma persona. Pudo enseñarle la fotografía de cualquier chica que haya acudido al comité en busca de ayuda. Y, ¿cómo sabemos que era realmente Eva Smith o Daisy Renton?

BIRLING. Gerald tiene toda la razón. El tipo ese puede haber utilizado una fotografía distinta cada vez sin que nosotros lo sepamos. Es posible que todos hayamos reconocido a chicas distintas.

GERALD. Exactamente. ¿Te pidió a ti que identificaras alguna fotografía, Eric?

ERIC. No. No le hacía falta ninguna fotografía cuando me llegó el turno a mí. Pero está claro que la chica que yo conocí es la misma que fue a visitar a mamá.

GERALD. ¿Por qué está claro?

ERIC. Dijo que necesitaba ayuda porque no quería aceptar más dinero robado. Y la chica que yo conocí me había dicho eso mismo.

GERALD. Incluso eso puede no querer decir nada.

ERIC. No entiendo cómo puedes hablar así cuando hay una chica que va y se suicida. Quizá vosotros podáis quedar al margen sin problemas, pero yo no. Ni mamá tampoco. Nosotros la hemos machacado a conciencia.

BIRLING. *(Con vehemencia.)* Espera un momento, espera un momento. No tengas tanta prisa por ir a juicio. Esa entrevista con tu madre pudo haber sido otro engaño, como todo lo relacionado con ese falso inspector de policía. Todo este maldito asunto puede haber sido una simple y pura invención.

ERIC. *(Indignado.)* ¿Cómo va a ser una invención? La chica está muerta, ¿no es cierto?

GERALD. ¿Qué chica? Probablemente hablamos de cuatro o cinco chicas distintas.

ERIC. A mí eso no me importa. La que yo conocí ha muerto.

BIRLING. ¿La que tú conociste? ¿Cómo lo sabes?

GERALD. Es cierto. Ha dado usted en el clavo. Es más, ¿quién nos asegura que se ha suicidado hoy una chica?

BIRLING. *(Mirándolos a todos con gesto triunfal.)* A ver quién es capaz de responder a esa pregunta. Veámoslo desde el punto de vista del individuo que nos ha visitado. Nosotros celebramos una pequeña fiesta y estamos de muy buen humor. Ahora bien, ese sujeto tiene que conseguir que le funcione el truco. Para eso, lo primero que hace es conmocionarnos de tal manera que después de eso nos dejemos avasallar sin decir esta boca es mía. Así que empieza de inmediato. Una muchacha acaba de morir en el hospital. Se ha bebido un potente desinfectante. Ha muerto entre grandes dolores…

ERIC. Ya basta, no eches más leña al fuego.

BIRLING. *(Con tono triunfal.)* Ahí lo tienes ya, ¿es que no lo entiendes? El simple hecho de repetirlo te conmociona un poco. Y eso era lo que él tenía que hacer. Zarandearnos nada más llegar y acto seguido empezar con las preguntas… hasta que no supiéramos dónde teníamos la cabeza. Sí, sí, hay que reconocerlo. Se ha reído de nosotros a conciencia.

ERIC. Por mí que se desternille... con tal de saber que todo ha sido un engaño.

BIRLING. Estoy convencido. Ni investigación de la policía, ni una chica única a la que haya sucedido todo eso, ni escándalo...

SHEILA. ¿Ni suicidio?

GERALD. *(Con tono decidido.)* Eso lo podemos aclarar ahora mismo.

SHEILA. ¿Cómo?

GERALD. Llamando al hospital. O ha muerto una muchacha o no ha muerto.

BIRLING. *(Incómodo.)* Va a parecer un poco extraño..., llamar a esta hora de la noche...

GERALD. A mí no me importa hacerlo.

SRA. BIRLING. *(Recalcando mucho las palabras.)* Y si no ha muerto...

GERALD. Lo sabremos enseguida. *(Va a donde está el teléfono y busca el número. Los demás lo contemplan en tensión.)* Brumley ocho nueve ocho seis... ¿El hospital? Soy Gerald Croft, de Crofts Limitada... Sí... Estamos bastante preocupados a causa de una de nuestras empleadas. ¿Ha ingresado esta tarde una muchacha que haya intentado suicidarse bebiendo un desinfectante muy potente o alguna otra cosa parecida? Sí, espero. *(Mientras aguarda, los demás ponen de manifiesto su grado de tensión nerviosa.* BIRLING *se pasa la mano por la frente,* SHEILA *se estremece,* ERIC *cierra y abre las manos, etc.)* ¿Sí?... ¿Está usted seguro?... Entiendo. Bien, muchísimas gracias... Buenas noches. *(Cuelga el teléfono y mira a los demás.)* Hoy no ha muerto ninguna muchacha en el hospital. No ha ingresado nadie por haberse bebido un desinfectante. Hace meses que no se ha producido ningún suicidio.

BIRLING. *(Con tono triunfal.)* ¡Ahí lo tenéis! La prueba decisiva. Toda la historia no ha sido más que música celestial. ¡Tan solo un engaño muy bien urdido! *(Deja escapar un profundo suspiro de alivio.)* A nadie le gusta que le den gato por liebre hasta ese punto…, pero…, a pesar de todo… *(Sonríe a los demás.)* Gerald, sírvete una copa.

GERALD. *(Sonriendo.)* Gracias, creo que no me vendrá mal.

BIRLING. *(Dirigiéndose hacia el aparador.)* Lo mismo digo.

SRA. BIRLING. *(Sonriendo.)* He de decir, Gerald, que has desentrañado este asunto con gran inteligencia y que te estoy muy agradecida.

GERALD. *(Yendo en busca de su copa.)* Lo que ha sucedido es que, mientras estaba fuera, he tenido tiempo de serenarme y de reflexionar un poco.

BIRLING. *(Tendiéndole la copa.)* Sí, a ti no te ha tenido en vilo como al resto de nosotros. Ahora reconozco que hubo un momento en que llegó a asustarme un poco. Pero tenía una razón especial para no querer un escándalo precisamente ahora. *(Ya se ha servido y alza la copa.)* Bien, por todos nosotros. Vamos, Sheila, no pongas esa cara. Ya ha pasado todo.

SHEILA. Ha pasado lo peor. Pero olvidáis una cosa que yo sigo sin poder olvidar. Todo lo que dijimos que había sucedido sucedió de verdad. Y si no ha terminado en tragedia ha sido porque hemos tenido suerte. Pero podía haber terminado en tragedia.

BIRLING. *(Alegre.)* Pero ahora todo es diferente. Vamos, vamos, vamos, no me digas que no te das cuenta. *(Imita al INSPECTOR durante su discurso final.)* «Todos ustedes han contribuido a matarla». *(Señalando con el dedo a SHEILA y a ERIC, y riendo.)* Y me gustaría que hubierais visto la cara que poníais cuando dijo eso. (SHEILA *se dirige hacia la puerta.*) ¿Te vas a la cama, jovencita?

SHEILA. *(Tensa.)* Quiero salir de aquí. Me asusta oíros hablar del modo que lo hacéis.

BIRLING. *(Sincero.)* ¡Tonterías! Aún acabarás riéndote muy a gusto de todo lo que ha pasado. Mira, será mejor que le pidas a Gerald el anillo de pedida que le devolviste, ¿no te parece? Verás como te sientes mejor.

SHEILA. *(Con pasión.)* Estáis fingiendo que todo sigue igual que antes.

ERIC. ¡Yo no!

SHEILA. Tú, no, pero los demás sí.

BIRLING. ¿Acaso no es cierto? Hemos sido engañados, y eso es todo.

SHEILA. Así que, en realidad, no ha sucedido nada. No hay nada de que arrepentirse, nada que aprender. Podemos seguir todos comportándonos como antes.

SRA. BIRLING. ¿Y por qué tendríamos que dejar de hacerlo?

SHEILA. Te lo voy a decir. Quienquiera que fuese ese inspector, lo sucedido no ha sido como para tomárselo a broma. En aquel momento sí os disteis cuenta. Empezabais a aprender. Y ahora ya habéis renunciado. Estáis dispuestos a seguir igual que siempre.

BIRLING. *(Divertido.)* Y tú no, ¿eh?

SHEILA. No; yo no, porque recuerdo lo que dijo, el aspecto que tenía y lo que me hizo sentir. «Fuego, sangre y sufrimiento». Y me asusta oíros hablar como lo hacéis, y no soy capaz de seguir escuchando.

ERIC. Estoy de acuerdo con Sheila. También a mí me asusta.

BIRLING. De acuerdo, id a acostaros, y no os quedéis aquí comportándoos como unos histéricos.

SRA. BIRLING. Están agotados. Mañana por la mañana les parecerá tan divertido como a nosotros.

GERALD. Todo ha vuelto a su cauce ya, Sheila. *(Alza el anillo.)* ¿Qué me dices de esto?

SHEILA. No, todavía no. Es demasiado pronto. Tengo que reflexionar.

BIRLING. *(Señalando con el dedo a* ERIC *y a* SHEILA.*)* Mirad a esa pareja…, la famosa joven generación que se las sabe todas…, y ni siquiera son capaces de encajar una broma… *(Suena el teléfono estridentemente. Hay un momento de total silencio.* BIRLING *va a contestarlo.)* ¿Sí?… El señor Birling al habla… ¿Cómo?… Oiga…

> *(Pero, evidentemente, la persona al otro extremo de la línea ha cortado la comunicación.* BIRLING *cuelga lentamente el teléfono y mira a los demás dominado por el pánico.)*

BIRLING. Era la policía. Una muchacha acaba de morir…, mientras la llevaban al hospital…, después de haber bebido algún desinfectante. Y un inspector de policía viene hacia aquí…, para hacernos unas… preguntas…

> *(Mientras se miran, enmudecidos y abrumados por la culpabilidad, cae el telón.)*

FIN DE LA OBRA

Actividades

TEXTOS AUXILIARES

1 REALIDAD Y FICCIÓN

1.1 El contexto social e histórico

«Descubrí muchísimas cosas en ese periodo [1910-1914, en el que pude observar] la vida nocturna de la ciudad, ya sin tapadera alguna. Empecé a comprender que en un barrio tan respetabilísimo como el nuestro había demasiados hombres con una doble vida, vestidos de levita y muy solemnes el domingo por la mañana, y grotescamente groseros y disolutos, lejos de la familia, el sábado por la noche. Empresarios que se mostraban tercos si las trabajadoras exigían un chelín más a la semana, eran vistos en algunos pubs convirtiendo a las más débiles y bonitas de aquellas chicas en prostitutas.»

J. B. Priestley, *Margin Released*, Heinemann, Londres, 1962, p. 63.

1.2 Elementos inverosímiles

«*La visita del inspector* tuvo un impacto considerable sobre el público cuando se representó en el Old Vic, pero no despertó el entusiasmo de la crítica. Construida con la técnica de una obra policiaca, mantiene el suspense, pero las ideas que en ella se plantean hacen pasar a un segundo plano su simple valor de obra entretenida. El inspector es algo más que un inspector. Transmite un aire omnisciente que hace de él un personaje a mitad de camino entre un inspector de policía y una suerte de figura emblemática que podría significar la conciencia universal. Y si resulta improbable que todos los personajes sin excepción hayan contribuido a la muerte de la misma muchacha, ese personaje artificial es necesario para llevar a buen término el mensaje de la obra.»

Vincent Brome, *J. B. Priestley*, Hamish Hamilton, Londres, 1988, pp. 284-285.

2 EL MENSAJE DE LA OBRA

2.1 Utopía y sentido de comunidad

«[Utopía es una] ciudad en la que los hombres y mujeres no trabajan para las máquinas y el dinero, sino en la que las máquinas y el dinero sirven a hombres y mujeres, una ciudad en la que la avaricia, la envidia y el odio no tienen lugar, en que el hambre, la enfermedad y el miedo han desaparecido para siempre, en la que nadie lleva un látigo ni arrastra una cadena. Una ciudad en la que los hombres han cesado por fin de mascullar, roer y arañar en oscuras cuevas para salir a la luz del sol.»

[Un personaje de la obra de Priestley *Llegaron a una ciudad*.]

«La culpa de uno es la culpa de todos y nadie puede sufrir sin que todos los demás sufran.»

[Un personaje de la obra de Priestley *Música nocturna*.]

«Nos falta la fuerza unificadora de una fe religiosa bien fundada. El lugar que antes ocupaba la caldera de la calefacción central en el sótano está ahora vacío, frío y oscuro. Nuestras vidas no tienen ya los sagrados cimientos que antaño compartíamos. Nos faltan algunos vínculos esenciales, tanto con nosotros mismos como con los demás. No nos vemos como individuos del mismo reino secreto.»

J. B. Priestley, en Kenneth Young, *J. B. Priestley*, Longman (Writers & Their Work), Londres, 1977, pp. 13, 33 y 46.

2.2 El hombre y el género humano

«"Ahora dice [la campana] con su pausado sonido: 'Tú vas a morir'." Quizá aquel por quien esta campana toca está tan enfermo que incluso ignora que la campana toca por él; y puede que yo crea que me encuentro mucho mejor de lo que realmente estoy, de tal modo que los que me rodean y vean cuál es mi estado, hayan hecho tocar esta campana por mí, y yo lo ignore. […] Cuando la Iglesia entierra a un hombre, esa acción me concierne. Todo el género humano es obra del mismo Autor y constituye un solo libro. […] ¿Quién no va a levantar la vista al sol cuando amanece? […] ¿Quién no va a escuchar una campana que suena en cualquier circunstancia? ¿Y quién dejará de prestar atención a una campana que anuncia que una parte de sí mismo va a pasar al otro mundo? Ningún hombre es una isla separada del resto; cada hombre es un pequeño fragmento del continente. [...] La muerte de cualquier hombre se lleva una parte de mí, porque yo soy parte del género humano; por tanto, no preguntes nunca por quién dobla la campana; dobla por ti.»

> John Donne, «Meditation XVII», en F. Kermode y J. Hollander, eds., *The Oxford Anthology of English Literature*, OUP, Nueva York, 1973, p. 1056.

2.3 Mensaje moral explícito e implícito

«[El discurso del inspector no es el final de la obra.] El final todavía no ha llegado y cuando por fin lo hace no es el verdadero final, sino el principio de otra obra que cada espectador tendrá que escribir por sí mismo cuando abandone el teatro. Lo que pueda ocurrir en esa obra que empieza cuando cae el telón en el acto tercero puede ser más terrible que lo que ha presenciado en escena. [...] El discurso final del inspector es algo más que una aseveración: es también una pregunta que se formula a cada miembro de la audiencia: [...] ¿hasta qué punto es cierto que en nuestra sociedad somos todos miembros del mismo cuerpo?»

> John Braine, *J. B. Priestley*, Weidenfeld & Nicolson, Londres, 1978, p. 121.

2.4 Función del Tiempo

«El otro elemento de extrañeza [en la obra, además del inspector] es el misterio del Tiempo y, en particular, la repetición del Tiempo, temas que han inspirado otras obras dramáticas de Priestley. La idea de que algunas personas tienen vislumbres de acontecimientos futuros, no ya solo en sueños, sino en estado de vigilia, es la cuestión central de *La herida del tiempo*, y la noción de que un determinado esquema de acontecimientos pueda reiterarse y por ello proporcionar una segunda oportunidad [...] es el tema de *Estuve aquí una vez*. Al margen de que todo ello sea posible o no en la realidad, lo cierto es que Priestley consigue crear momentos dramáticos de una gran eficacia. Al final de *La visita del inspector* la revelación de que lo sucedido en las dos horas anteriores está a punto de ocurrir de nuevo —aunque con la posibilidad de que el ciclo se rompa— crea un clímax estimulante que reverbera en la mente del espectador al abandonar la sala de teatro.

Un aspecto más convencional en el tratamiento del Tiempo añade interés a *La visita del inspector*. Se trata de la ironía subyacente en el hecho de que los personajes ignoran lo que les espera. La obra se ambienta en 1912, cuando hombres como Arthur Birling hablaban del futuro con confianza, sin ser conscientes de los desastres que iban a golpear a su país y al mundo entero.»

E.R. Wood, ed., J. B. Priestley, *An Inspector Calls*, Heinemann, Londres, 1965, pp. XII-XIII.

ANÁLISIS LITERARIO

1 | **ARGUMENTO Y ESTRUCTURA**

1.1 Planteamiento

La visita del inspector es un buen ejemplo de lo que en el siglo XIX se dio en llamar «**obra bien hecha**», expresión con la que se aludía a un teatro basado en el perfecto ensamblaje y desarrollo de los aconteci- mientos, y en el que el suspense desempeñaba un importante papel. Este es el caso, como enseguida veremos, de *La visita del inspector*. Sin embargo, la **estructura interna** de la obra, caracterizada por el es- quema clásico de planteamiento, nudo y desenlace, no se correspon- de con la división en actos (o estructura externa).

a ¿Dónde marcarías los límites de cada una de estas partes?

En el planteamiento, los personajes celebran, en un ambiente alegre y distendido, el compromiso matrimonial de Sheila Birling con Gerald Croft. No obstante, una serie de **indicios** alertan sobre el conflicto que se desarrollará a continuación.

b ¿Qué detalles del comportamiento o de los gustos de Eric (pp. 7 y 16), de Gerald (p. 7) y de Sheila (p. 16) anticipan algunas claves del conflicto?

c ¿Qué bromas del señor Birling (pp. 15 y 18) se convertirán en una especie de ironía trágica?

El señor Birling aprovecha la celebración para aconsejar a sus hijos, manifestando al tiempo su ideología. Pero la llegada del inspector in- terrumpe su discurso (p. 17). Las palabras que Birling pronunciaba en ese momento,

d ¿De qué modo anticipan el conflicto de la obra?

1.2 El nudo

La llegada del inspector da paso al nudo del drama. En esta parte nuclear la verdad se nos va revelando poco a poco en una operación perfectamente calculada y ordenada por el inspector, quien, al tiempo que reconstruye los dos últimos años de vida de Eva Smith, pone al descubierto los intereses, los falsos valores y la hipocresía de la clase burguesa de la época. El clima festivo y relajado de la primera parte, por otro lado, se convierte ahora en una **tensión creciente** aderezada con una buena dosis de **suspense**.

a   ¿Quién es el primero en ser interrogado por el inspector y qué nos revela de Eva Smith? ¿Admite alguna responsabilidad? ¿Cómo reacciona ante el inspector? (pp. 21-24)

b   ¿Qué opina Eric de los hechos? (pp. 25-27)

El inspector Goole acusa a Birling de responsabilidad en el suicidio de la muchacha argumentando que puede haberse producido «una cadena de acontecimientos» (p. 24). El siguiente eslabón será **Sheila**, que es informada de lo sucedido al entrar en escena.

c   ¿Cuál es su reacción ante los hechos (pp. 31-33) y al reconocer a la muchacha (p. 33)? ¿Cuál es su parte de culpa?

El inspector se muestra habilísimo en el modo con que va provocando las sucesivas confesiones. Consigue la de Sheila al comentar que Eva Smith «solo supo que una clienta se había quejado de ella… y tuvo que irse».

d   ¿Cómo logra la confesión de Gerald y qué consigue desapareciendo de escena a continuación? (pp. 38-40)

e   ¿Qué motivo tiene el inspector para mostrar la fotografía a un solo personaje cada vez (p. 21) y qué efecto produce esa decisión en los personajes o en el espectador?

Al mover los hilos de su interrogatorio con suma destreza, el inspector consigue que los personajes se enfrenten entre sí y que vayan cayendo los velos que ocultan **la verdad**.

f   ¿Qué personaje es más consciente de todo ello? ¿Qué verdades se destapan en las pp. 47-48 y 51-52?

La **señora Birling** presencia el testimonio de **Gerald** (pp. 51-56) y a continuación es obligada por el inspector a exponer la causa por la que conoció a Eva Smith (pp. 59-68).

g   ¿Cuál es la historia de Gerald? ¿Y la de la señora Birling? ¿Alguno de ellos se siente culpable? ¿Por qué insiste el inspector en que la señora Birling señale y acuse al que ella considera verdadero culpable? (pp. 67-68)

Eric no se encuentra presente en las declaraciones de Gerald y de su madre.

h   ¿Por qué resulta necesario que esté ausente? ¿Qué relación mantuvo con la muchacha? (pp. 71-77) ¿Y qué nuevo velo caerá ahora? (p. 74)

i   ¿Cómo concluye el nudo de la obra?

1.3 Desenlace

El inspector ha logrado el propósito de que los personajes afronten la verdadera naturaleza de la realidad e incluso que algunos de ellos se replanteen su escala de valores. La obra podría haber concluido en este punto; pero no es así, y Priestley nos ofrece a partir de aquí el desenlace, rematado con un extraordinario golpe de efecto. Así, en un primer momento continúa el **enfrentamiento** entre los personajes al tiempo que estos van definiendo su **posición**.

a   ¿Qué dos actitudes distintas mantienen? Aporta algunas frases reveladoras de ese enfrentamiento (consulta para ello, por ejemplo, las pp. 80-82 y 90-91).

No obstante, crecen las sospechas de quién era en realidad el **inspector** y quién —o quiénes— la **muchacha** en cuestión. Ahora Priestley explota todavía más el **suspense**.

b   ¿Qué dudas se suscitan y por qué? ¿Cómo las esclarece la intervención de Gerald? (pp. 85-97) Pese a los argumentos de este, ¿hay alguna duda razonable de que se trata de la misma muchacha? (Recuerda las palabras de Gerald de la p. 54).

El espectador siente que ahora sí ha llegado el final de la obra. Se trata, sin embargo, de un amago de Priestley, que sorprende al espectador con una última llamada telefónica. La información que recibe Birling en esa llamada determina la **estructura circular** de la obra.

c ¿Por qué?

La visita del inspector presenta, por otro lado, una perfecta unidad de **tiempo y espacio**.

d ¿En qué consiste?

e ¿Qué conexión se establece entre los tres actos y qué tienen en común sus respectivos finales?

Hay que distinguir el **tiempo de la acción** y el **tiempo al que aluden los sucesos** de que se trata en la obra.

f ¿Cuándo se desarrolla la obra? (p. 2) ¿Qué periodo temporal abarca la historia de Eva Smith? Anota las referencias temporales que se proporcionan (pp. 22, 33, 50, 56-57, 62 y 71).

2 PERSONAJES

2.1 Inspector Goole

De entre los seis personajes de *La visita del inspector* cabe destacar en primer lugar al Inspector Goole por su papel decisivo en la obra.

a ¿Cómo lo describe Priestley? (p. 18) ¿Qué impresión produce en los Birling y cómo caracterizarías su forma de proceder?

b ¿Qué le lleva a casa de los Birling? ¿Cómo consigue su propósito? Anota algunos de los comentarios o juicios que emite (pp. 26, 32, 34, 35…): ¿resultan propios del trabajo que se supone que desempeña?

A lo largo de toda la obra, Sheila se muestra especialmente impresionada por el inspector, y ella es la primera en advertir que «había algo muy curioso en él» (p. 82).

c ¿Con quién lo compara implícitamente Birling? (p. 84) ¿Averigua Goole algo que verdaderamente no supiera de antemano? ¿Es el inspector un personaje realista? ¿Qué puede simbolizar? Consulta el texto auxiliar 1.2.

2.2 Sheila, Eric y Gerald

Las acusaciones y el mensaje del inspector calan hondo desde el primer momento en **Sheila**, quien, al compartir las ideas de Goole, se convierte en su más firme aliada.

a   ¿De qué acusa a su padre (p. 31) y a su madre (p. 65)?

b   Anota algunas frases en que se ponga de manifiesto su sentimiento de culpabilidad (pp. 36-37 y 44).

Sheila es, sin duda, el personaje más natural y espontáneo y el que más simpatías despierta en el espectador por su sensibilidad y humanidad respecto a Eva y por su deseo de rasgar los velos de la hipocresía.

c   ¿Qué nos revela en las pp. 48 y 53?

d   ¿Qué importante efecto, buscado por el inspector, tiene sobre ella el conocimiento de lo sucedido a Eva? (p. 58) ¿Qué cambio intenta provocar en los demás?

También en **Eric** ejercen su efecto las palabras del inspector. Inseguro de sí mismo, Eric es «un muchacho mitad tímido, mitad desafiante» (p. 4) en cuyo comportamiento rebelde intuimos cierto conflicto generacional. Hemos considerado ya su reacción ante la actitud de su padre con Eva Smith (pp. 24-27).

e   ¿En qué coincide con la de su hermana? ¿Se siente culpable? ¿Qué te revela de la personalidad de Eric el modo en que Eva lo trata? (p. 74) ¿Cómo reacciona al conocer la parte de responsabilidad de su madre en la suerte de la muchacha? (p. 77) ¿Cuál será su actitud en el tramo final de la obra?

f   ¿Qué le censura el padre? ¿Crees que tiene motivos para ello?

El prometido de Sheila, **Gerald**, ocupa una posición intermedia, por edad y por ideología, entre padres e hijos. Así, Gerald comparte las ideas capitalistas del señor Birling, pero entabla —como Eric— relaciones amorosas con Eva Smith.

g   ¿Admite conocer a la muchacha al principio? (p. 40) No obstante, ¿siente remordimientos? (pp. 52 y 58)

La señora Birling califica dicha relación de «repugnante» (p. 56).

h   ¿Qué le responde Gerald y qué te revela del personaje su respuesta? ¿Cuál es la función de Gerald al final de la obra?

2.3 El señor y la señora Birling

Las ideas y la actitud del señor y la señora Birling son censuradas en la obra. El **señor Birling**, en particular, expresa sus ideas en la parte inicial del drama.

a   ¿Qué apunte descriptivo hace Priestley del personaje? (p. 4) ¿Por qué le complace sobre todo el enlace matrimonial de su hija? (pp. 8 y 14) ¿Qué ideas expresa sobre el capital, las empresas y los trabajadores? ¿Qué frase de Birling —ya anotada— se opone radicalmente al mensaje del drama? (p. 17)

b   ¿En qué ocasiones se muestra prepotente con el inspector?

Quizá sea la **señora Birling** el personaje con rasgos más negativos del drama.

c   ¿Cómo la describe el autor? (p. 4) ¿Por qué podríamos decir que su actitud es la más hipócrita? (pp. 59-68)

2.4 Eva Smith

La víctima, el personaje más importante quizá de *La visita del inspector*, no aparece en la obra. De **Eva Smith** sabemos lo que unos y otros dicen, y el retrato no puede ser más favorable. El señor Birling comenta que era «guapa, alegre […], una obrera competente» a la que el capataz «pensaba ascender» (pp. 24-25), a pesar de lo cual es despedida. Por su parte, Sheila arguye en defensa propia que Eva se burlaba de ella (pp. 36-37).

a   Sin embargo, ¿por qué no sintió Sheila «ninguna lástima» por la muchacha y cuál intuimos que es la verdadera razón de su conducta? ¿Por qué razones, por tanto, despiden a Eva en cada ocasión?

La muchacha conoce entonces a Gerald (pp. 52-57) y poco tiempo después a Eric.

b   ¿Desea aceptar el dinero de Gerald? ¿Por qué mantiene relaciones con él? ¿De qué modo se origina su relación con Eric? (p. 72) ¿Por qué no acepta el dinero del joven y decide romper con él, pese a saber que está embarazada? (pp. 74 y 76)

c ¿Cómo se completa el retrato de la muchacha por lo que de ella dice la señora Birling? (p. 66) ¿Sabe Eva quién es Eric?

3 EL MENSAJE DE LA OBRA

3.1 La solidaridad

El propósito de *La visita del inspector* y su tema central es, por todo lo que hemos ido estudiando, la **apelación a la conciencia colectiva**, el arraigo del **sentimiento de comunidad** en la sociedad. Para ello presenta Priestley un caso particular que eleva a la categoría de símbolo. Y para conseguir su objetivo, el autor nos muestra el resultado de llevar a la práctica una ideología y un modo de concebir la sociedad expuestos muy sintéticamente por el señor Birling en el planteamiento de la obra (téngase en cuenta el análisis del personaje llevado ya a cabo en 2.3). Una de las consecuencias de las ideas que expresa el señor Birling en las pp. 16-17 es su actuación en el caso de Eva Smith (pp. 24-26).

a ¿Por qué resulta particularmente injusto el despido de la muchacha? ¿En qué medida es la propia organización social la responsable de casos como el de Eva Smith? (p. 32) ¿Qué actitud muestran los personajes y qué opiniones se vierten, implícita o explícitamente, sobre las clases sociales? (pp. 8-9, 14, 46 y 66)

b ¿Qué ideología se contrapone en la obra a la que sustenta Birling? (pp. 13, 16-17 y 78-79) ¿Cuál es, en este sentido, la posición de Priestley? Consulta la «Introducción» (pp. XIV-XV) y los textos auxiliares 1.1 y 2.1 (primer fragmento).

Si, en su relación con Eva, Sheila y sus padres cometen abuso de poder, Gerald y Eric utilizan a la muchacha egoístamente, y entre todos marcan su destino y contribuyen a su suerte final. De ahí el mensaje central de la obra, expuesto, entre otras ocasiones, en el parlamento final del inspector: «No vivimos solos. Somos miembros de un mismo cuerpo. Somos responsables los unos de los otros» (pp. 78-79). Relee todo su parlamento.

c   ¿Por qué podemos decir que Gerald y Eric utilizan a Eva?

d   ¿Cree Birling en esa responsabilidad compartida a la que alude el inspector? (p. 24) Y, no obstante, ¿por qué razón tiene Birling mayor responsabilidad que cualquier otro ciudadano? (p. 60)

Sheila y Eric se muestran receptivos al mensaje del inspector, reconocen que «la hemos matado entre todos» (p. 52) y exigen a los demás que admitan su culpabilidad (pp. 80-82, 88, 90-92 y 97).

e   ¿Consigue el inspector su objetivo de que cambien?

La obra finaliza con el efecto fulminante producido por una llamada telefónica. Desde el punto de vista ético,

f   ¿Qué cometido desempeña respecto a los personajes? ¿Y en relación con el público? (Lee el texto auxiliar 2.3.)

La obra tiene, pues, un evidente **propósito moral**. Lee los textos auxiliares 2.1 (segundo y tercer fragmentos) y 2.2.

g   Comenta las reflexiones de Priestley y del poeta inglés en relación con el tema de *La visita del inspector*.

Los sucesos relacionados con Eva Smith ocurren entre el verano de 1910 y la primavera de 1912, año en que se inicia la guerra de los Balcanes y poco antes de estallar la Primera Guerra Mundial. Por otra parte, Priestley escribió esta obra el año anterior al final de la Segunda Guerra Mundial. Si tenemos en cuenta que el inspector concluye su última intervención con las palabras «si los hombres no aprenden esa lección, se les enseñará con el fuego, la sangre y el sufrimiento»,

h   ¿De qué modo puede relacionarse la insolidaridad que se denuncia con el cataclismo de esas dos guerras?

3.2 El tiempo

Un tema por completo diferente y que también preocupó a Priestley es el de las teorías sobre el **tiempo** (véanse las pp. X-XII de la «Introducción»). Al final de *La visita del inspector* se sugiere esta cuestión. Lee el texto auxiliar 2.4.

a   ¿Qué quiere dar a entender Priestley con ese desenlace y qué distinguiría entonces a Sheila y Eric de los demás?

b   ¿Resulta verosímil el final? ¿Es la figura del inspector verosímil? ¿Y el hecho de que todos los miembros de la familia e incluso Gerald se hallen involucrados en la historia de Eva Smith? Y en caso de que nada de esto fuera creíble, ¿se atenuaría por ello el valor del mensaje de la obra?

Sabemos ya que Priestley odiaba algunas de las consecuencias del progreso industrial así como a la **sociedad moderna**, caracterizada por el predominio del hombre masa (véase la «Introducción», pp. XVI-XVII). Aunque sin duda se trata de una cuestión de segundo orden en *La visita del inspector*,

c   ¿Recuerdas en qué momento se plantea este tema y de qué modo?